本书由重庆润萌教育研究院组编

幼儿发展
评估与指导

曾晓东 刘莉 谭艳 主编

上海交通大学出版社
SHANGHAI JIAO TONG UNIVERSITY PRESS

内容提要

　　本书是基于"1＋X"的"课证融通"教材,主要内容包括幼儿观察评估与发展理论、幼儿发展观察与评估中的伦理、幼儿发展评估系统、幼儿发展评估的组织流程、幼儿发展评估量表操作、幼儿发展评估结果的应用,另me在附录设幼儿发展评估环境诊断记录表等表格方便读者进行实际操作。本书可以作为高职院校及应用型本科的学前教育专业的教辅,也可作为幼儿园教师及幼儿培训机构的从业者阅读使用。

图书在版编目(CIP)数据

　　幼儿发展评估与指导/曾晓东,刘莉,谭艳主编
.—上海:上海交通大学出版社,2021.12
　　ISBN 978-7-313-25272-2

　　Ⅰ.①幼…　Ⅱ.①曾…②刘…③谭…　Ⅲ.①学前教
育一教育评估一教材　Ⅳ.①G610

　　中国版本图书馆 CIP 数据核字(2021)第 212148 号

幼儿发展评估与指导
YOUER FAZHAN PINGGU YU ZHIDAO

主　　编:曾晓东　刘　莉　谭　艳
出版发行:上海交通大学出版社　　　　　　　地　　址:上海市番禺路 951 号
邮政编码:200030　　　　　　　　　　　　　电　　话:021-64071208
印　　制:上海新艺印刷有限公司　　　　　　经　　销:全国新华书店
开　　本:787mm×1092mm　1/16　　　　　　印　　张:6.75
字　　数:137 千字
版　　次:2021 年 12 月第 1 版　　　　　　　印　　次:2021 年 12 月第 1 次印刷
书　　号:ISBN 978-7-313-25272-2
定　　价:58.00 元

前　言

　　学前教育事业的发展带来了全社会对质量问题的关注,从而要求研究者和行业从业者、管理者能够拿出质量评估的工具和程序,通俗地讲,就是对幼儿园进行质量"考核"、对幼儿进行发展水平"测评"的工具和程序。

　　面对不断增长的质量"考核""测评"需求,研究者拿出来的工具却总是难以满足社会和行政管理者对于"考核""测评"工具的想象。该现象背后的原因很明显,对于有着千年科举传统的中国社会,教育质量通过考试才能获得,学前教育无法考试,那质量如何获得? 于是,从事学前教育质量评估的研究者,就不得不承担起解释、说明测评理念及可靠性的任务。这是挑战,也是机会,让保留在"圈子"里关于"考试"的理论能够超越学术,进入公共政策讨论的空间。

　　本书是北京师范大学教育学部与重庆润萌教育研究院合作研究项目的成果之一。项目始于 2015 年,之后,经过多次实验,项目组确定了 9 大关键行为和 20 个观测点,并在 2017 年确定下来,对 2 万多名幼儿进行了评估。我们在比较了国内外几种主要的儿童发展评估方式后,选择立足区角活动场景,采取幼儿发展观察评估路径,使用"间接的""认证式"评估方式,根据幼儿在该场景下表现出的行为,对照典型行为谱系进行认定的幼儿发展评估方法。对于这种间接评估方法,与此相关的几个问题需要澄清。

　　第一,儿童发展评估的范围如何界定? 从发展领域上看,我国在《3—6 岁儿童学习与发展指南》中将儿童发展划分为五大领域,即健康、语言、社会、科学和艺术;世界银行在对低收入国家儿童进行的发展测评中,将儿童发展划分为五个领域,即认知(cognitive)、语言(language)、执行或自律(executive function/self-regulatory)、运动(motor)、社会性或情感(social/emotional);在美国的高瞻课程标准中,儿童发展可分为身体、认知和社会性发展。从表面上看,儿童发展评估的范畴差异很大,但实际上,这种差异主要是分类的依据不同带来的差异,在具体维度和指标层次上,儿童发展评估所覆盖的内容基本相同。

　　第二,儿童发展评估应该采用专业化、标准化工具测评吗? 关于儿童发展评估的方法和工具,经济合作与发展组织(organisation for economic co-operation and development,OECD)给我们提供了一个系统的儿童发展评估的分类,即直接评价、叙事性评价、观察评价。其中，以测试和筛查为主要形式的直接评价只在 12 个国家进行，许多国家都未采取对儿童的直接评价。究其原因，据 OECD 总结北欧国家的说法，不是因为担心此类评价是否适合此年龄段的儿童，而是因为直接评价实施起来太昂贵了。此类标准化的测评工具都需要花费不菲才能获得许可和培训，也需要工作人员花大量的时间来实施直接测评。

叙事性评价包括儿童的成长故事、成长记录袋两种主要的方式。在 OECD 调查的24 个国家中，有 15 个国家进行叙事性的儿童发展监测，它是瑞吉欧项目采用的方式，其设计理念是评估一个儿童接受一个特定的任务、做出计划并完成它的过程。这是一个任务完成的逻辑截面，如果再辅以儿童的成长阶段，则能够描绘出一个随时间变化，儿童在分析任务并完成任务过程中的认知发展过程，这种包含着儿童认知过程的时间序列评价，受到许多研究者的推崇，但这种评估方式最大的困难在于记录儿童解决问题过程，需要教师有很高的专业性。

观察评价包括测评量表和核查单两种方式。儿童发展量表，又叫测量尺度（rating scale），是根据儿童发展的主要领域开发的结构性数据和信息搜集工具，通过观察和判断，将儿童行为表现甚至主观、抽象的概念定量化测量的程序。量表的基本特征是描述性、比较性、程度和起点，因此，儿童发展量表的使用都是地区层面上进行，是对群体发展状况的评价，并不适合对儿童个体发展水平进行判断。

核查单（check list）评价，就是罗列一系列任务、技能和能力，由教师针对某个儿童的表现进行勾选。由于核查表仅仅是对特定任务、技能和能力的判断，因此，和儿童发展测评量表相比，核查单缺乏精确性，也不具体。但它仍然是最普遍的儿童发展监测方式，在参加调查的国家中，有 17 个使用这种监测方式，使用检查单也被认为是学前教育教师的基本功，它应该和课程评价配套使用，是对课程实施效果的检核。

第三，观察量表是过程性评估还是结果性评估？在我国学前教育实践中，人们一般使用过程性评估和结果性评估作为分类标准，应该说，这种分类方法并未触及质量测评的本质，没有说明测评的技术路径、工具特性和测评方法，但它的优势就在于它用表征法概括了测评的功能分类，能够被大众所理解。我们无法将"过程性-结果性"分类法与"观察量表""叙事测评法"一一对应，只能说根据课程目标制定的"检核表""叙事评估"多用于过程评估，而观察量表更多地作为儿童发展的阶段性水平的评估工具。

最后，学前教育质量测评的技术路径是多样的，每一种技术路径都有它适用的条件和背景，也有它的局限性，对技术精准的无限探索与程序标准、信息管理等制度改进合并起来才能构成学前教育质量管理的必要条件。这本幼儿发展评估量表，是需要和园所的教研体系、区角活动课程等合并考虑的。技术进步总是要和管理改进结合起来，才能彰显技术的价值。

由于编者水平和经验有限，在编写的过程中若存在一些缺点和错误，希望读者给出批评和建议。

目　录

第一章　幼儿行为观察概述

引　言

　　有效的学前儿童观察与评估有助于成人更好地理解幼儿，为幼儿的发展提供适宜的教育方案。为了确保对幼儿观察与评估的科学性、有效性，我们不仅要选择合适的观察方法，明确观察与评估者的角色定位，制定合理的观察与评估计划与维度，而且要能够选择已有的幼儿发展理论观点和现有的研究作为观察与评估的基础和参考。

学习目标

1. 理解为何要在整体观视角下对幼儿进行观察与评估。
2. 学会结合整体观对幼儿进行观察与评估。
3. 能够阐述幼儿发展理论在观察与评估中的价值及意义。

第一节　整体观下的幼儿发展

　　劳拉·E.贝克将儿童的发展划分为三个领域：身体、认知和社会性。[1] 身体发展包括躯体的大小、比例、外表、躯体系统的机能、感知和运动的能力以及身体健康等方面的变化；认知发展是指在智力方面的变化，包括注意、记忆、学习和日常知识、问题解决、想象、创造力和语言；社会性发展包括情绪交流、自我理解、了解他人、人际技能、友谊、亲密关系以及道德推理和道德行为等方面的变化。幼儿各方面的发展是相互促进的，良好的身体素质是进行认知活动的基础，积极的社会情感是幼儿身心健康发展的保障。

---

[1] 王烨芳：《学前儿童行为观察与分析》，江苏教育出版社，2019，第37页。

割裂幼儿发展的整体性,就会制约其他方面的发展。我们从幼儿发展的整体性来客观、全面地评价幼儿,呈现一个完整的个体,这也是教育追求的目的——幼儿的全面发展。

一、不同视角下的幼儿整体观

1. 心理学视角下的整体观

从心理学的视角来看,幼儿发展的整体性可以从幼儿的生理发展、心理发展以及身心发展的有机统一上进行理解。从生理结构来看,人的生命体是一个整体系统,其中每一个系统都有各自不同的机能,而每一系统的存在及其功能的发挥都是以其他系统的参与、协同作为条件的。换句话说,人体的任何一个系统都不能脱离其他系统的配合而单独存在和发挥功能。所以,我们在教育和培养幼儿身体的过程中,要树立整体的发展观,使他们的身体机能在整体上得到合理、协调、适度的发展。从心理结构来看,幼儿的心理也是一个系统的结构。尽管不同学者对个体心理的划分方式不一致,但是多数发展心理学研究者都认可将个体的心理发展划分为认知、情绪和社会性发展等几个部分。它们之间存在着相互制约、相互促进,又互为条件的错综复杂的动态关系,并在幼儿的心理发展中共同发挥着作用,缺一不可。显然,当我们说幼儿在某一方面的心理发展时,实际上其他心理因素的协同发展已经作为前提隐含在其中了。

2. 教育学视角下的整体观

从教育学的视角来看,幼儿发展的整体性可以从五大领域的有机统一上进行理解。《幼儿园教育指导纲要(试行)》中强调幼儿园的教育内容是全面的、启蒙性的,可以相对划分为健康、语言、社会、科学、艺术等五个领域,也可做其他不同的划分。各领域的内容相互渗透,从不同的角度促进幼儿情感、态度、能力、知识、技能等方面的发展。《3—6岁儿童学习与发展指南》(以下简称《指南》)指出幼儿的发展是一个整体,要注重领域之间、目标之间的相互渗透和整合,促进幼儿身心全面协调发展,而不应片面追求某一方面或几方面的发展。

这就提示幼儿教育工作者,在进行幼儿行为观察时,切忌把思维局限于某一个或某几个领域中。因为幼儿的发展是一个整体,往往一个行为反映了多个领域、多个目标的发展情况,观察者应注重领域之间、目标之间的相互渗透和整合。这在一定程度上需要观察者跳出思维的禁锢,纵观全局,不单单执着于达成设计的观察目标,而是综合分析、灵活调整观察目标和观察内容。以下是某位幼儿教师的访谈记录,从中可以看出这位教师所持有的幼儿发展整体观。

集体活动对老师来说是最基础的环节,不管是音乐、语言、美术还是其他。集体活动的前半段大都是以教师的讲授为主,后段才是以幼儿的操作为主。观察幼儿在前半段的表现主要聚焦于语言和互动,幼儿面对教师的讲授给予了怎样的回应,两者之间有着怎样的互动等。这部分是对幼儿的表达能力和回应能力的观察。在后半段的操作部分,就可以观察幼儿面对挫折会不会克服困难,会不会合作等。所以,在后半段可以对幼儿的抗挫折能力、合作能力等方面进行观察。再如,生活环节中可以观察幼儿的生活自理能力、情绪情感等,例如游戏环节可以观察幼儿的参与度,对游戏的喜爱度和参与方法等。所以如果我们要运用《指南》来观察这些环节中幼儿的行为时,不能只运用其中某一个领域的内容,而应综合运用多个领域的内容。

二、运用整体观观察幼儿的行为

如果把幼儿的学习内容用一只手表示,五根手指就代表五大领域,各占 1/5,没有多少之分、轻重之别,手掌代表学习品质。五根手指并拢时是一只手,当五根手指分开时仍然是一只完整的手。这启发我们,观察者在对幼儿行为进行观察时,眼中不应该只有某一根手指,而应该有一只完整的手。因为幼儿的发展是综合的、立体的,所以作为教师要带着整体观看待幼儿的发展。

比如在美工区,幼儿在使用多种材料进行美术创作时,我们可以观察到幼儿美术创作的能力;在此过程中幼儿用双手配合完成了沿曲线剪的动作,我们也能观察到幼儿精细动作的发展状况;同时,根据幼儿在区角中的专注情况及受打扰后的反应,我们还可以观察出幼儿专注的能力;另外,活动中如果幼儿出现与其他幼儿的交往、冲突、遇到问题等情况,我们还能关注到幼儿与同伴交往、冲突解决、策略等核心能力。

表 1-1 是观察者对戴老师在幼儿进餐时的表现进行的观察记录,很好地体现了如何运用整体观设计教育教学活动并观察幼儿的行为。

表 1-1 幼儿园就餐活动观察案例[①]

时 间	观 察 内 容
11 点 20 分	戴老师准时带领全班小朋友开始餐前活动。今天的餐前活动分为两个部分,前半部分是让小朋友们自由交流,话题是自己喜欢的一种食物,或者最近在家里吃的某种食物。小朋友们听到老师说可以自由交流,高兴极了,立刻叽叽喳喳地交谈起来
11 点 30 分	戴老师开始用多媒体设备介绍今天的食谱。戴老师把每一样食材都做成了卡通的形象,让小朋友们感到新鲜、有趣、亲切。讲完后,戴老师鼓励孩子不偏食、不挑食,做个好宝宝
11 点 40 分	戴老师准时放起了舒缓的音乐,小朋友们开始排队洗手、端饭,依次入座。就餐时,戴老师对个别幼儿使用筷子的方法进行了指导
12 点 10 分	就餐结束后,戴老师为小朋友们分发橘子,并问小朋友们橘子是什么形状的,让他们掰开以后数一数一共有多少瓣

针对以上观察,我们可以发现,一个简单的就餐活动中可以蕴含丰富的教育元素和教育契机,《指南》中提出:"教师要善于抓住教育契机,注重各个领域之间的相互渗透"。

---

① 案例引自王烨芳:《学前儿童行为观察与分析》,江苏凤凰教育出版社,2020.

在该活动中,教师准确地把握《指南》中提出的整体性原则,从健康、语言、社会、科学、艺术五大领域对幼儿进行全面的教育与观察。教师从餐前活动开始的一系列活动可以观察、了解幼儿的语言表达能力、人际交往能力、是否排队取餐、是否挑食、能否正确使用筷子、对形状的认识、数数等多方面的发展情况。

用餐环节,教师培养了幼儿良好的用餐习惯;自由交流环节,教师关注幼儿语言的表达与发展。用餐时,教师可以关注到幼儿的用餐习惯、饮食习惯,对于挑食和有不良饮食习惯的幼儿,教师可以进行教育和干预,利用多媒体、儿歌、榜样等方式来引导幼儿健康饮食,幼儿养成饭前洗手、排队取餐、饭后洗手等良好习惯,并且引导幼儿在良好的情绪下进餐。用餐结束后的水果,教师灵活地将其与数理感知结合在一起,培养幼儿对于球体、个数的感知。因此,作为学前教育的教师,更应该树立"整体观"的教育观与发展观,秉持"一日生活皆课程"的课程观,幼儿是整体全面发展的,我们的"教"与幼儿的"学"也应该是整体的,不分离、不割裂五大领域之间的联系,真真正正将幼儿的发展看作一个整体,促进幼儿身心全面协调发展。

第二节　幼儿发展的基本理论

国际主流的教学模式高瞻、蒙台梭利、IB、多元智能等所使用的观察与评估的方式方法或者观察模型大多都是基于幼儿发展基本理论而建立的。幼儿发展理论在学前儿童观察与评估的整个过程中扮演着非常重要的作用。从对学前儿童的观察方案的设计,到观察计划的实施,再到对观察现象进行解释、判断与评估,都需要幼儿发展理论的支撑。根据理论设计观察方案,观察者将根据方案观察、记录幼儿的行为以及相关研究现象。但是,观察的目的不仅仅是为了观察,更是为了理解与评估幼儿行为背后的发展状态。观察者要对观察的行为与现象进行总结,并能够对一些具有价值的材料进行分析,从而获得对幼儿全面深入的了解。

一、基于建构主义的儿童发展

1. 皮亚杰自内而外的认知发展

皮亚杰(Jean Piaget,1896—1980),自 19 世纪 20 年代开始研究儿童智力的发展,认为儿童是一个建构者,他根据认知发展的层次(见表 1-2)来建构现实世界,而非完全受本能影响或受制于环境。皮亚杰认为儿童智力的主要功能是协助个体适应环境。智力是儿童思考的内容,智力结构的基本单位是图式,而图式就是一个有组织的可重复的思维或者行为活动。智力活动的主要目标则是在个体的思考历程与环境之间建立和谐的平衡关系。环境中种种新奇的刺激,如不能为儿童所理解,则可能形成儿童与环境之间的不平衡,从而促使儿童调节自己的心理结构,以适应环境,而且以同化及顺应作用来改变认知结构。平衡是同化与顺应作用两种机能的平衡,它既是发展中的因素,又是心理结构。当已有的图式不能解决现有的问题,自然就产生了不平衡,儿童就会想办法来调整自己,以重新达到平衡。他提出儿童是以自我为中心的,他们会把注意力集中在自己的观点和自己的动作上,学前儿童处于道德水平的他律阶段,而教育能够促进儿童的思维发展,但是教育无法超越儿童的发展阶段和现有的认知结构水平。

表1-2 皮亚杰认知发展四个阶段

年 龄	阶 段	特 征
0～2岁	感知运动阶段	仅靠感觉和动作认识外部环境 认识到客体的永恒性
2～7岁	前运算阶段	以自我为中心 思维不具有可逆性 没有守恒的概念
7～11岁	具体运算阶段	守恒概念形成 思维运算必须有具体事物支撑思维 具有可逆性
11岁之后	形式运算阶段	能够进行逻辑推理、归纳、演绎 能够理解符号意义、隐喻等思维 具有可逆性、补偿性、灵活性

我们可以借鉴该理论去解释儿童从自我中心出发的各种行为,不是因为幼儿从小自私,而是受到现有思想水平的限制,去理解儿童对成人、对游戏规则尊崇的行为,并且理解儿童根据行为的后果(而非行为者的动机)来判断是非的现象,从而对儿童进行评估。

2. 维果斯基自外而内的社会文化发展

维果斯基(Lev Vygotsky)认为内化是指儿童将社会环境中吸收的知识转化到心理结构中的过程,在内化的过程中离不开工具的重要作用,认为儿童是在与成人的交往中,实现认知的发展。他提出了"最近发展区",认为儿童在有指导的情况下,借助成人帮助所能达到的解决问题的水平与独自解决问题所达到的水平之间的差异,实际上是两个邻近发展阶段间的过渡。并指出儿童的两种发展水平:一是儿童的现有水平,即由一定的已经完成的发展系统所形成的儿童心理机能的发展水平;二是可能的发展水平,即教师支架下幼儿能够达到的水平。

我们在引导儿童成长,形成支架时要着眼于学生的最近发展区,把潜在的发展水平变成现实的发展水平,并创造新的最近发展区。此外,他强调语言是儿童解决问题等高级认知过程的基础,可以帮助儿童考虑自己的行为和行动的过程。

我们可以借鉴该理论去理解儿童解决问题中出现的自言自语现象并且去理解成人与儿童之间的相互作用及混龄儿童之间的相互作用。

二、基于行为主义理论的儿童发展

1. 华生的经典行为主义

行为主义创始人华生（John B. Watson）认为个体发展并非呈阶段方式进行，而是通过刺激与反应之间的联结（R）过程逐渐习得新的复杂行为模式。他认为个人的习惯是在适应环境的过程中学会的快速行动的结果，习惯是形成的一系列条件反射并且十分强调练习的作用。

我们可以借鉴该理论去解释儿童行为的形成原因，包括不良行为的形成。

2. 斯金纳的操作行为主义

斯金纳（Burrhus F. Skinner），提倡操作性条件反射（又称工具性条件反射），他认为人会因受到强化而继续做出好的行为，或因被惩罚而压抑行为。他认为通过强化可以塑造儿童的行为并且将强化分为消极强化与积极强化两种。我们可以通过条件反射去解释儿童形成不良行为的原因，并且利用强化这一策略对儿童行为进行适宜的干预与指导，以达到评估的目的。

3. 班杜拉的社会学习理论

阿尔伯特·班杜拉（Albert Bandura）强调儿童通过观察学习而习得新行为。他认为儿童的个体发展并不完全像行为学派所说是刺激与反应间的制约。班杜拉认为个体的发展与养成起源于以偶然强化为中介的直接学习与模仿，随后经过不断地观察与模仿而形成。同时模仿作为儿童掌握行为的一种主要机制或者途径，由注意过程、保持过程、动作表征过程以及动机过程组成。他认为儿童个体主要模仿对象为父母、同伴、老师，同时环境也会影响到儿童的整体发展。个体观察学习的历程包括注意、保留模仿动作、动机等，这些模仿对象若能提供良好的示范与正确的行为模式，儿童观察与模仿后便会产生正向行为。

思考与练习

1. 如何使用理论去帮助我们对幼儿进行观察与评估？
2. 不同的儿童发展理论中又有什么相同之处？

本章个人学习总结

1. 在本章中，你学习到了：（至少列出 3 点）

_____

_____

_____

_____

2. 请对本章开篇所提到的几个问题,用自己的话试着来回答:

_____

_____

_____

_____

3. 关于本章探讨的主题,你还有哪些疑惑?

_____

_____

_____

_____

_____

第二章　幼儿发展观察与评估中的伦理

引　言

　　幼儿是教育的主体,教师的角色在于协助幼儿发展,并且保障幼儿的利益。通过观察与评估教师能够了解幼儿的发展情况。但在实际执行时,教师是否采取适当的行为或者方式进行操作,对于观察的结果是否能够以客观的角度进行判断与评估,这其中涉及的不仅仅是教师的专业知识与技能,还包含了伦理。伦理议题的讨论与澄清,能够帮助教师的观察与评估行为更为专业与有效,从而保护幼儿的相关权益。

学习目标

1. 知道什么是观察与评估中的伦理。
2. 了解观察与评估中的伦理议题。
3. 掌握幼儿教师的基本职业道德。
4. 能界定观察的界限。

第一节　影响观察与评估的因素

　　学前儿童的行为观察与评估包含了观察、聆听、记录和分析幼儿的某一行为,是一项复杂的、多方的活动。能够得到一项有意义、有价值的观察成果并不是一件容易的事情,因其受到多方面因素的干扰和影响。因此,有效地控制部分因素能够帮助观察者获得的结果变得更加客观和有价值。

一、敏感度和觉察能力

莱和多普耶拉指出:"你所拥有的特定的理解和意识,都可能对你所碰到的每一个儿童形成不同的理解和判断"。[①] 敏感度和觉察能力受到个体的经验、思维和训练因素影响,并且这些能力并不是一成不变的,会随着经验和训练的增加而改变,经验和训练是影响敏感度和思维的长效因素。观察者个人的敏感度和察觉能力对观察资料的收集和解释都有很大的影响,敏锐的敏捷度能够让观察者快速地捕捉到有效的信息,而迟钝的思维和观察力会使观察者对数据和现状的分析出现偏差,这种即时的敏感性和意识影响着观察与评估的结果。因此观察者除了自身素养外,可以有意识地进行观察训练,从而使自己进入场域中能够快速专业地捕捉到观察信息。

1. 疾病、疲劳或身体不适

疲劳、疾病、身体不适、心理絮乱等身体问题都会对观察者自身产生比较大的干扰和影响。这些都属于在观察中很严重的限制因素,会让观察者产生不适从而无法正常进行观察,这些因素不仅会影响观察过程和评估过程,造成错误结果的输出,而且无法让观察者专注于课题研究。在心理紊乱方面,包括内在干扰和外在干扰,其中,内在干扰如焦虑、恐惧、个人问题等;外在干扰如噪声、极端天气、拥挤、光线过暗等都会影响观察者的身心,从而影响观察数据的准确记录,最终对分析幼儿行为,评估幼儿的发展均会造成错误的结论或者偏差的理解。因此在观察过程中,观察者在准备时应该尽可能地避免这种情况的发生。

2. 自我或个性的影响

莱和多普耶拉指出:"把'你'和你所认为的区分开"。[②] 事实上,观察者的经验、态度、需求、愿望、恐惧等情绪就像一个过滤器,会加工观察者所看到的情境,也会影响观察者的观察偏好。例如某位教师可能会特别偏爱某种行为表现的孩子,从而会特别强化某一行为的描述和观察,忽视了其他行为的客观描述,可能会造成观察结果分析的偏颇和缺失。另外,每一个观察者都倾向于把自己的个人感受无意识地投射在幼儿身上,认为自己的理解和感受与幼儿感同身受,这些判断都会影响观察与评估的结果。因此,观察者应当树立客观、科学的态度进行观察判断,尽量避免受到自我主观意识的干扰。

二、控制自我偏差

个体在成长的过程中因为环境、经历及所受的教育不同,形成不同的观点,因此,从社会学角度来说所有人都有偏见。尽管偏见不能完全地消除,但是作为研究者需要明

---

① 沃伦·R.本特森:《观察儿童:儿童行为观察记录指南(第二版)》,于开莲、王银玲译,人民教育出版社,2016,第61页。

② 蔡春美、洪福财、邱琼慧:《幼儿行为观察与记录(第二版)》,华东师范大学出版社,2019,第134页。

白和意识到偏见的存在,并且有意识地采取措施去控制。尤其不要被那些"喜欢或不喜欢""容易或不容易""简单或不简单"等问题影响,使研究者失去判断的客观性。特别需要说明的是,更不能把这种判断强加于幼儿,对幼儿的性格或价值做出简单粗暴的判断,切忌对幼儿下任何负面的判断或评论性叙述。有时,认识并解决由无意识偏见引起的行为,比消除这种偏见更为重要。例如,不能给幼儿下"你是一个坏孩子"的观察结论,但可以告诉他哪里没有做好,结论的聚焦点在行为,而不是个体的基本价值和特征。

三、情境的影响

情境包含物理空间的大小、摆设、器材设备、气温、光线、同伴关系等。空间大小的设计安排可能直接影响到观察者与幼儿之间的距离;空间大小不足会限制影响观察者的处境;同时,观察的方式、器材、设备会影响到游戏、活动对幼儿的兴趣和参与感;气温、光线,甚至是室内外的差异都会影响幼儿的情绪和感受,从而会有不同的行为选择和价值判断。同样,幼儿间的同伴关系,幼儿与教师的关系,幼儿与环境的关系都会互相影响,甚至会产生干预和引导的结果。因此,观察者在制定观察设计时,应当尽可能地保障情境设计的合理性,确保在观察过程中有效实施,观察目标的有效达成。

第二节　职业道德与保密

职业道德(professional ethics)是指在观察幼儿的过程中,意味着保护观察对象或研究对象的隐私、秘密、权利和安全的准则。保密(confidentially)是指一种研究和观察的状态,观察者在观察的过程中,研究者和观察者不对外透露任何个体的信息。[1] 职业道德和保密与所有观察活动都密不可分,隐私、秘密、权利是观察与评估务必须遵循的内容,这是研究者必须具备的职业素养和要求,是观察者职业化的行为方式与行为选择,本节将对观察者的职业道德与保密进行具体阐述。

一、遵守职业道德的必要性

在观察与评估的过程中,观察伦理要求观察者需要具备比较高的职业操守与准则,被观察者的个人权利、安全(包括心理安全)以及个人隐私都需要被高度维护。甘德和加德纳[2]建议,在观察与评估中,需要先获得双方的书面许可。这些书面许可需由观察者提供,如观察对象是幼儿,则需要征得父母的同意,签署正式的文件,声明是否允许外

---

[1] 沃伦·R.本特森:《观察儿童——儿童行为观察记录指南(第二版)》,于开莲、王银玲(译),人民教育出版社,2016,第59页。

[2] 译自 GANDER, M J. GANDNER, H W: Child and adolescent development. Boston:Little, Brown and Company,1981。

来观察者观察其幼儿,这些文件需要严格制定并正式签署,最终妥善保存。这也是一种谦恭有礼的表现,有助于消除被观察者及其亲属的疑虑,有助于观察研究更有效地实施和执行。观察者的专业伦理是一种介于规范与德性之间的伦理,是以规范为基本支撑,德性生成为价值目标的专业伦理,在观察的过程中秉持高度道德标准不仅仅是秩序的遵守,还是研究者本应该秉持的研究态度,是一种价值上的坚守。

二、职业行为与保密原则

职业道德要求观察者时刻保持职业化的行为方式,这是研究者的重要责任,且意义十分重大,要求研究者在研究的过程中放弃个人偏好和愿望,需要按照 4 个方面采取行为：观察与评估的情境;观察与评估的环境;观察与评估的对象;观察与评估的过程活动。在全程的观察中要忠于所属学科和主题事件,严格保密被观察者的各项资料。除此之外,研究者在观察与评估的过程之中应该注意以下几个方面的问题：

（1）无论被观察者的年龄大小,其都有权利要求观察者停止观察他的行为。

（2）观察者在进行研究时,绝对不可以在研究中对幼儿造成伤害（生理与心理）。

（3）观察者在观察过程中可能会发现幼儿的优缺点,观察者更应该注意保护幼儿及其家长的隐私,尤其要留意他们的感受。

（4）注意不要把观察记录与研究报告放在公开场所,应妥善安全保存。

（5）观察者不能以幼儿参与研究而给予相关的报酬和礼物等其他服务为由,违反以上的行为准则。

第三节　观察与评估工具的选择伦理

在观察与评估中不恰当的研究方式,对研究数据与结果不恰当的处理都可能对幼儿造成身心伤害或侵犯幼儿的权利。在幼儿观察与评估中,为了保护幼儿的权益不被侵犯,需要提出一些研究伦理原则,以规范教师或者研究者对幼儿开展的研究活动。

一、知情同意书

知情同意书（informed consent form）的作用是用于被观察的对象或者其监护人在观察与评估开始前了解并知晓基本信息、评估的目的与用途、观察与评估中可能存在的风险,并且让观察对象同意参加本次研究。知情同意书是观察与评估内容的告知,只有知情同意书签署后我们的研究才可以正式开始。在学龄前儿童的观察与评估中不仅需要征得幼儿本身的同意,还需要同时征得其父母及幼儿园的负责人、班级教师的同意,需要签订相关同意书。

观察与评估的维度与范围、观察员的基本介绍、观察与评估的目的与计划知情同意书、观察与评估中会出现的不足或者潜在风险、告知参与观察者可以自由终止或退出观察与评估这些内容都需要出现在知情同意书中。

二、观察与记录的方法

在进行幼儿行为观察与记录的过程中,选择合适的方法是核心的挑战,不同的方法将对取样、目标行为的资料性质,乃至使用工具等产生影响。以观察方法而言,可粗略地分为系统观察与自然情境观察两大类型。系统观察旨在通过结构式或事先的规划,让观察的程序能循序渐进,在观察与记录的便利性及资料搜集的稳定性等方面,具有较佳的优势。自然情境观察则有异于系统观察,在目标行为信息的丰富性、观察与记录的弹性以及目标行为与脉络关联性的掌握等方面具有优势。无论采取何种类型的方法,手段的选择均不应凌驾于目的达成的适当性,故思考重点应在于能否准确地搜集目标行为的充分信息。具体建议有以下五点:

(1) 回归目标行为的特性与进行观察及记录的初衷,勿单以个人对方法的偏好为据。

(2) 方法虽有类型差异,但皆须以达成清楚、明确且直接地描述的行为作为目标。

(3) 观察与记录幼儿行为时,应以包含行为的开始、过程以及结束等完整过程为宜。

(4) 随时检视使用方法的适当性、所得资料的充分程度等,必要时应就方法进行调整。

(5) 对于各项观察与记录的方法,实施前应参与研习、自我练习,或通过专家及团队的讨论等,确认好准备程序后再行实施为宜。

第四节　观察者与幼儿评估相关关系

一、观察者的角色与偏见

在观察与记录的过程中,观察者对于角色的觉知、可能偏见的反省等,都会影响取样与目标行为的诠释,身为专业人员,降低主观偏见造成的行为误判,将是重要的训练内容之一。对于观察者而言,个人背景、先前的教育经验与经历,以及个人对观察与记录的角色诠释与自觉,都将对观察与记录的过程及结果等方面产生影响。了解偏见的最佳方法,就是去观察个人偏见究竟从何而生、内容为何,从反省、澄清与掌握等过程中,消解偏见对于行为观察与记录可能产生的影响。具体的建议有 3 个方面:

(1) 可以尝试共同参与观察或讨论,并就双方所得的差异内容进行沟通。

(2) 每经过一段时间就对目标行为的表现及其可能的原因进行"暂时性诠释",诠释既有观察与记录资料的内容是否准备充分,也有些是佐证不足而骤下定论。

（3）养成定期观察反思的习惯,列出可能的疑问并寻求澄清。

二、幼儿的主体性与权益

幼儿行为表现是观察与记录的目标,由于幼儿对自身主体性与权益的保护相对缺乏严谨的判断能力,在观察与记录的过程中在采取的策略、取样方式、资料解读,以及资料留存等层面未臻完善,将对幼儿的主体性与权益造成影响,观察者对于前述情况应有积极捍卫的权利与责任。对幼儿而言,任何有碍幼儿学习的因素都应积极消除;其次,幼儿的行为表现属于学习的环节之一,任何学习过程的行为表现不应未获保护地遭受公布甚至传播,对幼儿的身心发展与人格权益等应当予积极的保障。有鉴于此,教师在进行观察与记录时,应以维护幼儿的主体性与权益为初衷。

（1）观察者、家长共同分担幼儿的保护职责,观察者尽可能在进行观察与记录之前,征求幼儿与家长的认可与理解,对观察与记录历程、资料解读乃至结果运用等都获得共识并以留下协商共识记录为宜,观察者与家长共商维护幼儿权益之举。

（2）了解观察与记录是否干扰或影响幼儿的学习,并做适时且必要的调整。

（3）对于观察与记录结果的留存与应用,可制定相关办法并提供资料存取场所,同时对个案资料保密签订配合条款。

三、伦理内省融入观察分析

在进行观察与记录时,存在许多需要关注的伦理议题,有待观察者细心地遵循、反思与判断,需再次提醒的是,观察者应当以客观的角度观察、搜集,以及理解幼儿的行为。为了解孩子的行为,观察者应思索如何以孩子的视角去理解行为,即以幼儿为核心,进入幼儿的理解高度,去诠释幼儿的行为原因。观察与记录的主体是幼儿,观察者可以利用自我的专业背景依据观察与记录结果协助规划幼儿下阶段学习内容,提升幼儿学习的兴趣与效率,评估幼儿的发展,最终帮助幼儿感受、解释、创造,乃至建构他们的世界。只有观察者与幼儿的世界实现真实链接、记录与观察,方能经历伦理的熔炼,达成专业发展的理想。

第五节　观察与评估的管理

一、隐私的保护

在观察与评估的过程中,评估者与幼儿有很多接触,评估的维度也可能涉及幼儿的个人领域。比如"智力水平评估",这个观察与评估就会涉及幼儿的隐私。在评估的过程中,评估的对象有权决定是否公开信息。隐私保护就是为了保障幼儿的兴趣及特质,同时也要遵循匿名的原则。我们所说的匿名是指观察者与评估员以外的人无法根据所收集到的资料判断出提供资料的个人身份,而隐私是指外界无法分析某一特定对象所提供的资料。

二、数据的保密

为了做好保密工作,评估人员可以参考以下方法:①要求研究对象提供信息,不署姓名;②让第三方(既不是研究者一方,也不是被研究者一方)选择样本并收集材料;③使用标志符号(如在活页调查表上加上预代码),一得到被研究对象的答复,符号便可以去掉,以使研究者知道是哪些研究对象做了答复,但却无法把具体答复与答复人联系起来;④如果资料来源于两个或多个评估员,那就必须把每位被研究对象编成代码(如父母一方的生日或社会保险卡上的个位数字);⑤观察与评估结束后在规定时间内清除敏感的信息资料。

其实每个人对于与自己有关的事情都很敏感,尤其是幼儿。在观察与评估中,每个观察与评估对象的隐私都需要得到最好的保护,绝不容许泄露给其他人,否则就会对幼儿造成伤害。观察与评估的人员承诺为幼儿提供隐私保护,告知他们在任何情况下都不会泄露幼儿的个人信息,并保证研究数据和资料绝不会被非评估人员查阅。这就能够消除评估对象的顾虑,在观察与评估过程中幼儿就愿意与评估员建立信任友好的关系,也愿意提供真实的信息资料。

思考与练习

1. 如何用伦理去帮助我们进行观察与评估?

2. 请你尝试设计一个知情同意书。(范例可以制作成二维码)

知情同意书范例

观察与评估的主题:×××

观察者姓名:张×　　　　观察者学历:××

观察与评估的用途:本次评估数据仅用于……

我已经阅读并了解附件信息表的观察的具体事项以及评估的指标,项目细节清晰;

我的决定是完全自愿的,同时我明白我可以在任何时候退出且不需要给出理由;

我理解本次观察中收集的数据会整理成为报告或者其他形式的出版物;

我知道我的名字将不会出现在任何报告、出版物或者演示中,并且我的个人隐私受到保护。

签字:

时间:

本章个人学习总结

1. 在本章中,你学习到了:(至少列出 3 点)

_____

_____

_____

_____

2. 请对本章开篇所提到的几个问题,试着用自己的话来回答:

_____

_____

_____

_____

_____

3. 关于本章探讨的主题,你还有哪些疑惑?

_____

_____

_____

_____

_____

_____

第三章　幼儿发展评估系统

引　言

　　我们对学前教育的关注正在经历从满足需求向提高质量的转变。何为有质量的学前教育？如何评价学前教育的保教质量？目前学术界正处于研究的高涨期，幼儿园也在这浪潮中不断实践探索。北京师范大学、重庆教育科学研究院等专家团队，学习国外学前教育质量评估体系，以《幼儿园教育指导纲要（试行）》《3—6岁儿童学习与发展指南》为依据，立足于幼儿园教育教学实践，试图以"幼儿发展"为切入点探索幼儿园教育教学的生长点，研发了幼儿发展评估系统。幼儿发展评估系统是为了改进幼儿园保教质量与营造幼儿成长的幸福家庭而设计的一套完整的评估系统。团队从2015年开始研发与实践探索，基本形成了包括"上游端基本条件——幼儿发展评估工具——下游端教育服务"的幼儿发展评估系统，确定了幼儿发展评估的理念、结构与方法。

学习目标

1. 了解幼儿发展评估体系的理念、结构及目的。
2. 理解幼儿发展的本质、路径、机制。
3. 能够完全理解幼儿发展评估体系对幼儿、园所及家庭的意义。

第一节　幼儿发展评估系统的理念

　　对幼儿的看法和观点决定了幼儿发展评估系统开发的理念与思想，需要回答幼儿观最核心的三个问题：幼儿发展的本质是什么？幼儿发展的路径是什么？幼儿发展的机制是什么？

一、幼儿发展的本质

1. 幼儿发展是整体的，包括身体、认知、社会情感的发展

幼儿各方面的发展是相互促进的，良好的身体素质是进行认知活动的基础，积极的社会情感是幼儿身心健康发展的保障。割裂幼儿发展的整体性，就会制约其他方面的发展。我们从幼儿发展的整体性来客观、全面地评价幼儿，呈现一个完整的个体，这也是教育追求的目的——幼儿的全面发展。

2. 幼儿发展是独特的，每一个幼儿发展具有自身的特点

从幼儿群体上来看，幼儿发展有着年龄阶段的特点，但是每一个幼儿都是一个独立的个体，都存在着个体差异，没有完全相同的两个孩子。他们有自己的优势能力、发展速度、认知方式、交往模式等，每一个孩子都是一个独特的"世界"，不能用统一的阶段标准来裁剪幼儿的发展。接受每一个孩子的"与众不同"，采用适宜的教育，才能更好地促进幼儿个性发展。

3. 幼儿发展是连续的，现在的发展是后续发展的基础

幼儿身心发展的每一个方面都有它的"时间表"，循序渐进地朝着向前、向上、向强的方向努力生长。我们无法要求孩子超速前进，也不能在教育行为上拔苗助长，需要的就是用足够的耐心等待孩子成长，打破所谓的成长阶段式评价标准，用发展的眼光看待幼儿的成长，做孩子成长路上的支架和鼓掌的人。

二、幼儿发展的路径

幼儿是活动的主体，在活动中获得自我发展。《幼儿园教育指导纲要（试行）》中提出以"活动促发展"的理念，通过适宜的活动为幼儿铺垫成长的阶梯，促进每一个幼儿身心和谐富有个性的发展。幼儿的生活活动、游戏活动、区角活动、教育活动等都是幼儿发展的路径，在这些活动中幼儿主动地探索周围的环境，获得关于世界的认识；在与同伴、成人的交往中积累经验，培养积极的社会情感，建立关于社会的认知。例如通过户外投掷活动，幼儿的肢体运动能力、手眼协调能力、空间判断、对球的属性认知都在其中得到发展。

活动不仅是幼儿发展的路径，也是发现真实幼儿的最佳方式。在幼儿活动中，尤其是在游戏中，由于没有外在的功利性目的，没有过多的教师干预，幼儿能够按照自己的意愿活动，选择自己感兴趣的活动，用自己的方式操作材料，用自己的思想解释发现的秘密。

三、幼儿发展的机制

在幼儿发展的机制上，人们越来越达成共识，即幼儿是通过与周边人、事、物的互动过程中主动地建构关于周围物质世界、社会情感、交往规则等的认识。一个适宜幼儿成长的环境,提供给幼儿感知、探索、操作、创造的机会,幼儿主动地获取各种信息,发展自己。

幼儿身心发展的素质在适合的环境下被激活,表现出强烈的好奇心与探索欲望,试图通过自己做的过程来建构认识。在幼儿园,这种环境既包括老师有意识为孩子提供的各种材料与活动,也包括孩子在人际交往过程中营造出来的一种氛围。前者既是幼儿发展的物质条件,也是促进幼儿发展的支架;而后者是幼儿发展的情感支持,同样渗透在幼儿活动的过程中。环境的创设与营造最关键在于教师。教师基于幼儿发展来选择合适的内容与分层性的材料,让每一个幼儿在其中都得到发展。幼儿的发展既是满足内在需求的过程,也是一个有外在支持的建构过程。

基于对以上三个问题的认识,我们提出了幼儿发展评估系统。幼儿发展评估以"幼儿发展需要"为导向,设计幼儿发展评估量表,在区角活动与户外游戏中观察幼儿的身体发展、认知发展、社会情感发展三个方面。幼儿发展评估的目的不是对现有幼儿发展水平进行评判,而是要基于评估结果发现教育的着力点,让幼儿的成长看得见。

第二节　幼儿发展评估系统的结构

幼儿发展评估系统是以幼儿发展评估量表作为中间环节,以数据为基础促进教育改进的完整系统。它包括三个组成部分:物质条件、中间环节和数据应用(见图3-1)。

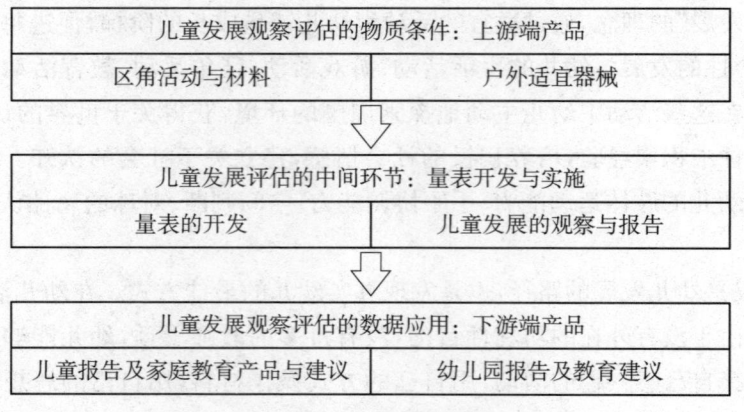

图3-1　幼儿发展评估系统的结构

一、幼儿发展评估的物质条件:幼儿园区角活动及其材料与户外游戏

玩游戏是幼儿的天性,幼儿喜欢玩游戏,并在游戏中获得发展。因此,有目的地为

幼儿创设游戏的环境,提供幼儿游戏的材料,给幼儿营造一个自由玩耍、自由探索的宽松舒适的氛围,对幼儿的发展非常重要。这是设置区角、开展区角活动的初衷。幼儿可以在区角活动中,根据自己的兴趣、爱好和能力,自由地选择学习的内容并进行积极的探索与实践,在自由而愉悦的体验中感受学习的快乐,形成积极的学习态度和良好的学习品质。同时,幼儿还可以自主地选择活动伙伴,在和活动伙伴的交往中发展人际交往的能力,并收获友谊与欢乐。

简单地讲,区角,即"区域角落",就是在幼儿园中单独设置的一块区域,以供幼儿进行阅读、科学、表演、美工、建构等活动。而区角活动,就是在特定区角中以幼儿为中心、并适当辅以教师指导的相关活动。区角与区角活动密不可分、相互对应,如幼儿可以在阅读区角,利用其中放置的材料自由地进行阅读活动。二者共同为幼儿的发展提供丰富的环境基础和条件保障。一般而言,幼儿园每月会有一个活动主题,围绕这一主题,在各个区角投放相应的材料,并开展相关的区角活动。图3-2是一项具体的主题及区角活动安排示例。

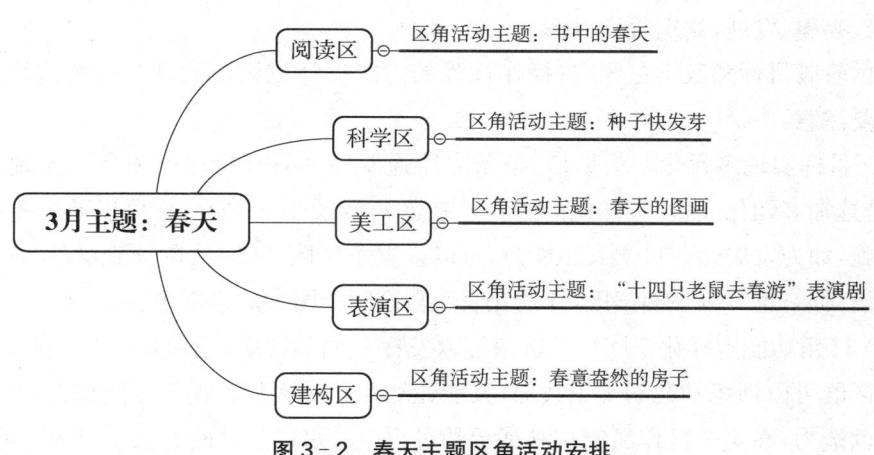

图3-2　春天主题区角活动安排

区角主要具有以下三种功能:

(1)为幼儿创设与教育相适应的环境,满足儿童不同兴趣与能力水平的需要。在幼儿园的学科课程中,往往是根据大多数幼儿的认知发展水平进行授课,难免会出现个别幼儿"吃不饱""跟不上"的情况。而区角则是提供丰富多样的材料供幼儿自由选择和学习,可以满足幼儿的个性化需要,因此,将丰富的区角活动和传统的学科课程有机地融合起来,更有利于每一个幼儿的发展。

(2)有利于儿童的自主探索学习,提高幼儿学习的效果。学科课程往往是采用教师讲授的方式,使得幼儿经常被动地接受知识,而不是积极主动地去学习。被动学习的效果却远远不如主动学习,因此,区角活动不仅为幼儿的自主学习提供了条件,而且提升了幼儿学习的效果。

（3）增加了教师与幼儿互动的机会，以便于教师能更好地观察和指导幼儿。在区角活动中，幼儿可以自主选择材料并进行学习，给教师留下了一段相对空闲的时间，这为教师细致观察幼儿提供了机会。同时，教师还可以根据观察到的具体情况，对幼儿展开针对性的"一对一"或"一对多"指导，大大地增加了教师和幼儿互动的频率。

区角创设的一般原则主要有目标指导性原则、材料适当性原则、儿童主动性原则、活动探究性原则。

1. 目标指导性原则

目标是创设区角和评价效果的依据，在设置区角的时候首先要考虑区域目标是什么，希望通过该区域发展儿童的哪些具体知识和技能。那些只重形式不重目标的区角是盲目的。教师在创设区角、投放材料、指导活动时都必须做到心中有目标。而目标的制定首先要以《幼儿园工作规程》和《幼儿园教育指导纲要（试行）》提出的教育任务和目标为幼儿园区角设置的总目标，此外，结合不同年龄段幼儿发展特点和本班幼儿能力水平、背景、兴趣、发展，制定阶段目标。

根据阶段目标和教学主题，将操作性强的内容设计成区角活动。在实施目标的过程中需要注意：

（1）目标实现多元化。俗话说，条条大路通罗马，同样的，在区角目标实现的过程中，也是选择多元化、途径多样化的过程。在区角活动中，一个目标可以通过不同的区角来实施，如为发展幼儿口语表达能力，可以设置角色区，让幼儿在扮演角色的过程中，练习口语对话；也可以在阅读区，让幼儿表达自己阅读图书的感悟等。

（2）区角功能多样化。同一个区角可以发挥不同的功能，也可以实现不同的目标，如美工区既可以训练幼儿的美工技能，又能让幼儿感受美和表现美，还能培养幼儿的想象力和创造力，在美工区作品制作和展示的过程中又可以培养幼儿的交流表达能力等。儿童的能力不是彼此分离不相关的，而是一个有机的综合体，一种能力的培养可以促进其他相关能力的发展，而区角功能的多元化正是在此基础上得以发挥。

（3）个体目标层次化。在实施目标时，儿童往往会呈现出明显的个体差异，教师不应该用预先确定的目标去限定儿童的发展，而应该着眼于每一个儿童的自身发展，帮助儿童在自身能力水平基础上得到进一步的发展和提高，允许儿童达到目标的时间有先后，最终目标是让儿童的发展呈螺旋上升状态。

（4）目标连续累积化。需要注意的是，一个目标的实施和达成必须依靠多次活动的积累才能完成。儿童的发展不可能一蹴而就，需要遵循循序渐进的学习原则，在多次连续的区角活动设计中逐步完成预设目标，让儿童在学习的过程中实现渐进的发展。并根据活动中儿童的表现，适时地调整活动目标，使目标更加明确和贴近儿童的实际情况，以发挥更有效的指导作用。

2. 材料适当性原则

在资源丰富的环境中，儿童更容易投入到独立自主的学习活动中去。因此，在区角创设的过程中，材料投放是重要内容之一。材料投放要考虑儿童身心发展的需要以及区角活动的目标，需要遵循以下具体原则来保证材料投放的适当性。

（1）投放材料的数量要充足。材料的数量要根据儿童的数量和需要适当投放。材料投放不宜过多，如果材料过多，儿童可能难以选择，或难以找到他们所需的材料。相反，如果材料不足，儿童的选择就会受限制，并且可能因等待材料而浪费很多时间。材料不足还会引起儿童争夺材料，不利于区角活动的开展。因此，教师应该细心地观察儿童，通过儿童的行为表现，判断材料投放的数量是否适当，并及时增补材料，保障儿童学习活动的顺利进行。

（2）选择正确的材料。投放的材料需要符合儿童的发展水平。既要有挑战性，又不能太难，否则会使儿童无法体验成功的乐趣。如果材料太简单，儿童容易厌烦；如果太难，他们会焦虑。当材料稍稍难于儿童的现有发展水平时，教师可以搭建学习支架，帮助他们达到更高一层的发展水平。通过战胜挑战，儿童获得知识、技能和信心。

（3）提供种类丰富的材料和精心创设的区域。材料种类太少会使儿童感到无聊，但是，如果环境太复杂，也会导致儿童的认知疲劳，以及学习能力的下降。

（4）投放开放式材料。班里不但要有封闭式材料（即只有一种玩法或用途的材料，如拼图），还要有多种用途的开放式材料。开放式材料能满足儿童的不同发展需求，长期保持他们的兴趣，并能推动儿童创造力和深度思维的发展。例如，在幼儿园的美工区放一罐纽扣，常会引起儿童的极大兴趣。他们会猜测纽扣从哪里来，讨论哪个是他们最喜欢的纽扣，还会用不同的方式将纽扣分类，并利用他们拼成各种有趣的图案。

3. 儿童主动性原则

儿童是在主动的学习和活动中获得发展，参与活动的动力只有来自内部的兴趣，才能使儿童在游戏中学习，在学习中感受快乐。调动儿童活动的主动性，需要注意以下几点。

（1）区角创设和材料投放要符合儿童的能力水平，满足儿童的兴趣需要。兴趣是最好的老师，而儿童的兴趣很容易被色彩艳丽、形状多样、图案生动的材料激发。因此，教师在投放材料和创设区角环境时，要敏锐地捕捉儿童的兴趣点，通过细心的观察和丰富的经验来创设丰富有趣的区角环境。

（2）要给幼儿自主活动的空间。让幼儿自主选择活动区角，自主选择活动内容，自主选择活动伙伴。活动时教师不宜过多干预，要努力给儿童提供自主活动的空间和自由。只有当儿童遇到困难无法解决时，教师才适当给予指导和帮助。给儿童充分的自主，让儿童自己去学习，比教师教更有效。

4. 活动探究性原则

儿童与生俱来就有好奇、好问、好探究的特点，这也是人类认知活动的原动力、内驱力。因此,活动区特别是科学区材料的提供与环境创设要以激发儿童的好奇心、满足儿童的求知欲为重要前提。在儿童活动过程中,教师不宜轻易介入和干预,当儿童遇到困难时,要鼓励儿童开动脑筋自己想办法解决问题,当儿童百思不得其解之时教师才给予适当的指导和帮助,即所谓的不愤不启,不悱不发。只有启发儿童自己思考,才能帮助他们学会主动探究的学习方式。另外,要注意儿童探究能力的培养不能脱离他们的年龄特点和发展水平,也不能脱离他们的生活经验,所以应尽可能从他们能够耳闻目睹的身边的事物和日常现象中挖掘可探究的内容,提供可探究的材料,满足儿童不断探究的愿望。

二、幼儿发展评估的中间环节:评估量表的开发、实施

2015 年 9 月,重庆润萌教育研究院对儿童发展评估工具进行了预测以检验工具的质量。在重庆市渝中区、南坪区、江北区、北碚区、铜梁区共选择 5 所幼儿园,每个幼儿园在小中大三个年龄段各随机抽取 30 名幼儿参与测试,采用双轨检验的方式。预测总共收回量表 744 份,被测对象共有 372 名。采用 SPSS16.0 进行信度检验、效度检验。

1. 信度检验

(1) 评分者信度:在测评中最常用的办法就是两个施测者对同一被试者同时测试,对其两类数据的一致性检验。本次在重庆的测试中应用了此方法。评分者信度平均值为 83.64%,信度较大。

(2) 内部一致性:量表各个测评项之间的一致性用于比较测评项之间的同质性,常用的方法是库李信度(Kuder-Richardson reliability),一般用于二分变量,适合幼儿发展评估量表的第一部分(儿童发展评估 1.0 版本是二分变量,根据预测与工具的统一进行了修改,2.0 版本全部是等级变量)。库伦巴赫 alpha 系数,alpha 系数等级越高,可信度越高。一般要求在 0.6 以上,这是可接受的,但需要对测评项进行重新编制;alpha 系数在 0.6~0.7 之间信度尚佳,最好增列题项或者修改语句;alpha 系数在 0.8~0.9 之间信度理想,0.9 以上信度非常理想。内部一致性检验结果如表 3-1 所示。

表 3-1 幼儿发展评估内部一致性检验结果

观测点	总体	动作完成	动作平衡	精细动作	生活能力
案例	185	267	267	322	263
项目	62	20	9	9	24
库伦巴赫 alpha 系数	0.920	0.903	0.672	0.838	0.909

从统计的结果来看,这一部分量表的 alpha 系数达到 0.920,说明这一部分的每一个项与其他项加总后的总分相关系数非常高,并且动作完成、精细动作、生活能力的

alpha 系数均达到统计学上的要求,说明信度好。

第二部分和第三部分放在一起检验,总共 21 项,alpha 系数为 0.961,达到测量要求上的最高水平,说明量表的信度非常高(见表 3-2)。其中在每一观测点上的同质性检验均达到统计意义上的可以接受的水平;并且在大班、中班、小班数据同质性检验 alpha 系数均大于 0.7,信度较好。

表 3-2 认知维度和情感维度量表 alpha 系数

观测点	总体	学习品质	语言发展	科学探究	艺术表现	社会情感
案例	200	268	266	230	257	286
项目	21	3	4	6	4	4
库伦巴赫 alpha 系数	0.961	0.795	0.836	0.920	0.820	0.820

2. 效度检验

信度是效度的前提条件,信度高并不一定说明效度高。效度是测量正确性的,用以说明测量工具能够测得其所预测内容的真正特征,最常用的统计方法是因素分析。判断是否适合进行因子分析的统计指标是 KMO 量数,一般 0.6 为最低接受水平,要求在 0.7 以上;第二个是 Bartlett's 球形检验是否显著,综合两个指标,说明变量之间存在相关性,才可以进行因子分析。根据描述统计结果显示量表的三部分均可进行因子分析,如表 3-3 所示。

表 3-3 KMO 与 Bartlett's 检验结果

统计指标	身体健康	认知发展	社会情感
KMO 量数	0.791	0.931	0.798
Bartlett's 检验 Chi-square	5.937	2.821	394.270
df(自由度)	1891	136	6
sig.(显著性)	0.000	0.000	0.000

对身体健康、认知发展、社会情感三部分分别进行因子分析,统计结果显示观测指标能够较好地解释该行为特征。需要进行调整的有基本动作部分。

通过工具的信效度检验可以证明该儿童发展评估工具具有较好的评估效果。2016年9月,对修改的儿童发展评估工具 2.0 再次进行测评,根据测评结果建立了重庆市儿童发展常模。2017 年至今,累计儿童发展常模数据 20 000+,建设约 96 万儿童行为数据库。建立重庆地区学前教育大数据库,形成儿童发展评估工具 4.0。

三、幼儿发展评估的数据应用

幼儿的发展与家庭、幼儿园和社区等都有密切的联系,而幼儿发展数据的应用可以为幼儿和幼儿园提供适宜的教育及产品。根据幼儿发展的数据分析幼儿发展的结果(见图 3-3)。

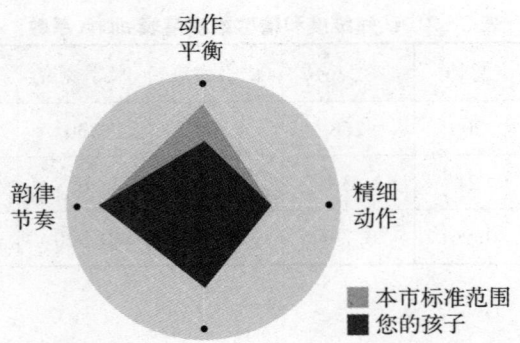

图 3-3 某幼儿运动与健康维度发展结果

注:本评估报告为依据测试期间儿童的外在表现形成的评估结果简报,可能与实际水平存在一定偏差,仅供参考。

根据园所全部幼儿发展的数据分析整个幼儿园的发展结果,并能够从不同年龄段、不同性别的多个维度对幼儿进行整体发展结果的分析。具体分析如图 3-4、3-5、3-6 所示。

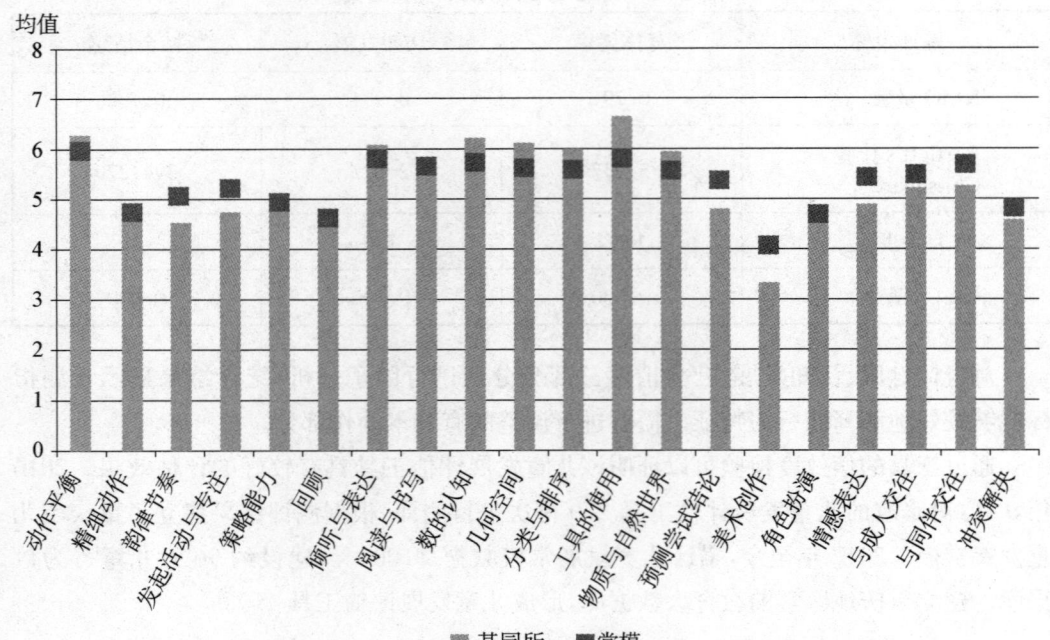

图 3-4 某园所发展与常模对比

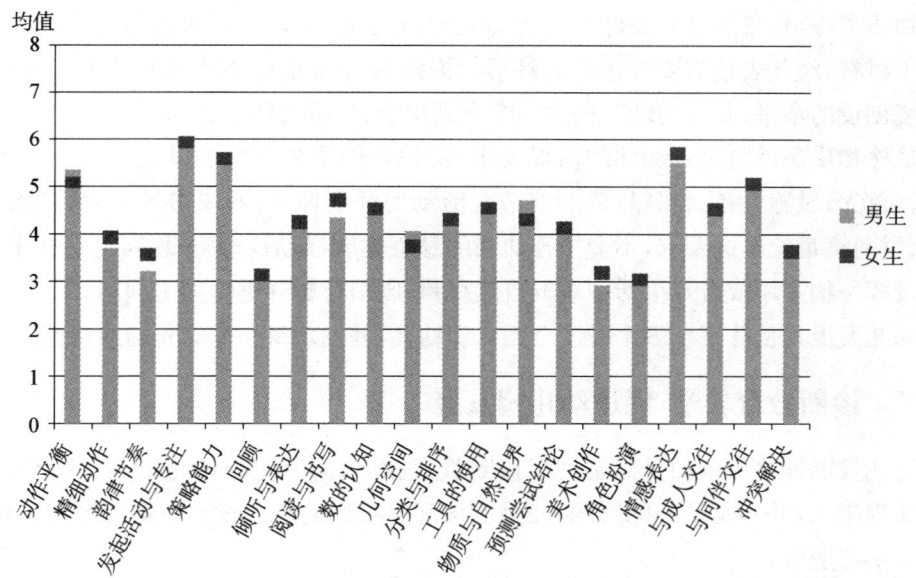

图3-5 某园所男女生在各个观测点发展的均值比较

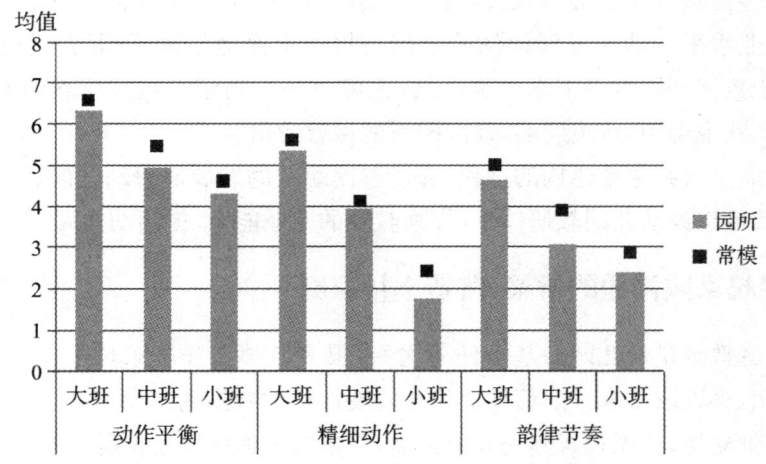

图3-6 某园所小中大班运动与健康上的均值比较

第三节 幼儿发展评估系统的目的

幼儿发展评估的中心目标是通过观察评估改善幼儿园教师教研体系,提高教师的专业能力,确保幼儿保教服务的质量。具体来说有三方面的目的。

一、反思环境创设,发现幼儿成长

幼儿发展评估主要观测的场景是在户外活动与区角游戏。这些活动的开展需要一定的物质条件,具备了这些条件才能将幼儿的行为激发出来,例如投掷需要球,美工需要美工材料,幼儿表达需要被接纳的环境。因此通过幼儿发展评估的结果能够诊断我们环境创设的水平,是否为幼儿提供一个充满探索、学习的环境。

虽然物质条件是进行测评的前提要求,但是我们主张环境创设适用、安全、经济的原则。首先,设施设备、材料只要能够适合活动的开展即可,不求多不求贵;其次,设施设备、材料满足安全的要求,不会损害幼儿的身心健康;最后,设施设备、材料要求经济,能够发挥一物多用或者从生活中获取自然材料、废旧材料并进行加工利用。

幼儿发展评估体系从多个维度全面认识幼儿,并发现每一位幼儿的独特性。

二、诊断教育教学,促进幼儿园发展

幼儿发展评估体系的目标是为了诊断教育教学,而不是标签化幼儿。幼儿行为特征未显现出来,并不是幼儿的问题,而是应该反思我们的教育教学中是否提供了相应的内容与学习经验。

根据幼儿发展评估的数据,分析班级保教现状,发现保教工作中的问题,通过自主阅读、同事研讨、自我反思等方式提出保教工作改进的措施,基于问题开展行动研究,提高自己的专业水平。幼儿发展评估的数据与报告全面地呈现了园所工作的优势与不足,可以基于数据开展教育工作经验总结,也可以基于问题组织园所教师教研,制定研究方案,在实践中运用,解决问题,提高园所的保教质量。

幼儿发展是自我主动建构的过程,通过解读幼儿的发展反思幼儿园教育的适宜性、有效性,有效地建设幼儿园教研体系,提高教师的专业能力,提高幼儿园保教质量。

三、架起家园沟通的桥梁,营造幸福家庭

指导家庭教育是幼儿园的基本任务之一,很多老师在开展家长工作上存在形式主义、空洞泛化,难以取得家长的信任。幼儿发展评估的数据为老师有针对性地提供家庭教育指导提供支持,让家长看到幼儿的发展,有依有据地指导家长科学育儿。

根据幼儿观察评估的结果,改善家长对幼儿发展片面的看法,教师可提供个性化家庭亲子游戏,帮助家长改进家庭教育环境。

第四节　幼儿发展评估量表简介

一、幼儿发展评估量表的研发依据

幼儿发展评估量表以"幼儿发展需要"为导向,参考《幼儿园教育指导纲要(试行)》中的幼儿园教育五大领域内容——健康、语言、社会、科学和艺术,制定幼儿发展评估量

表的三大维度、九大关键行为指标、20 个观测点的三级框架；参考我国《3—6 岁儿童学习与发展指南》（以下简称《指南》）中的学前教育目标，将《指南》中目标表述的方式转化为实现目标的内容描述、阶段目标转化为可持续的发展内容，明确观察评估过程中所观测的幼儿发展目标和具体行为；参考美国高宽课程的《儿童发展观察》，设计幼儿发展评估量表，以内容为尺度，对每一个观测点分别提出可观测到的幼儿发展的多级进阶式行为水平。

润萌教育研究院对以上权威资料进行深入剖析和改进完善，在多年的研发与实践之下，团队精心制作了《幼儿发展评估量表》（以下简称《量表》）。《量表》包含了幼儿发展过程中的三大重要内容，即"运动与健康""认知发展"和"社会情感发展"，此三大维度共包括九大关键行为。每一个关键行为都逐一对应相应的观测点（详见下页"幼儿发展评估量表的结构"），且每一观测点都根据幼儿的发展规律设置了 8 级进阶式行为水平。在观察和评估方式上，《量表》采用了高宽课程观察量表的评估形式，以内容为尺度，采用自然观察和等级观察记录的方式，对幼儿的行为表现进行评价，突破了已有幼儿发展测评"是"与"否"的绝对性判断，也突破了李克特 5 个等级的模糊观测，打破了年龄阶段的限制，以展示幼儿关键内容持续发展的过程，在更宽的时间域中来认识幼儿，尊重幼儿的个体发展。

二、幼儿发展评估量表的结构

《量表》以幼儿发展的三大维度进行划分，包括运动与健康、认知发展和社会情感发展。每一个维度有若干发展的关键行为，每一个关键行为由构成该关键行为的重要观测点构成。幼儿发展评估工具包括三大维度—九大关键行为指标—20 个观测点，具体如表 3-4 所示。每一观测点分别有 8 项以内容特征描述的指标，每一项指标是幼儿发展过程中一个典型的行为。这些典型行为以逐次进阶的方式呈现，形成一个连续的发展体。

表 3-4　幼儿发展评估量表框架

测量维度	关键行为与观测点
第一部分 运动与健康	（1）动作平衡 （2）精细动作 （3）韵律节奏
第二部分 认知发展	（1）学习品质：发起活动与专注、策略能力、回顾 （2）语言发展：倾听与表达、阅读与书写 （3）科学探索：数的认知、几何空间、分类与排序、物质与自然世界、工具的使用、预测-尝试-结论 （4）艺术表现：美术创作、角色扮演
第三部分 社会情感发展	（1）情感表达 （2）人际交往：与成人交往、与同伴交往、冲突解决

三、幼儿发展评估量表的特点

幼儿发展评估量表是专为教师设计的,用以观察、记录、反思班级中幼儿的学习与发展状况。教师可运用评估的结果,改善班级环境,为孩子提供学习与发展的适宜材料、活动设计与教师指导,实现师幼互长。量表的特点如表3-5所示。

表3-5　幼儿发展评估的特点

	幼儿发展评估不是……	幼儿发展评估是……
评估目的	不是达标测试	是助力教师的专业成长、诊断教学,调整课程安排,提升教育专业性和发展性
评估技术	不是检核行为 不是等级评估	是混合法
评估条件	不是人为设置的实验环境	是自然的真实场景
评估过程	不是"应答"式反应	是孩子行为的客观描述
评估结果	不是数字或百分比	是数据量化与叙事性故事相结合
结果解读	不是标签幼儿的发展水平	是专业化的运用 通过数据采集,发现教育教学活动中的发展空间

思考与练习

1. 幼儿发展评估量表中的三级框架研发依据是(　　　),幼儿发展评估量表中的幼儿发展目标和具体行为研发依据是(　　　),每一个观测点下幼儿的8级进阶式行为水平的研发依据是(　　　)。

A.《幼儿园教育指导纲要(试行)》

B. 高宽课程《儿童发展观察》

C.《指南》

2. 请描述幼儿发展评估量表的三级框架。

3. 请说一说为什么幼儿发展评估是在自然的真实场景中对幼儿行为的客观描述。

本章个人学习总结

你认为幼儿发展评估对教师的教学工作有什么帮助?

_____

_____

_____

_____

第四章　幼儿发展评估的组织流程

引　言

　　幼儿发展评估量表采用日常观察,即测评者(教师)在户外活动或区角活动等班级环境的自然状态下观察与记录幼儿活动情况。由于量表测量的内容较多、测量范围较广,所需要的时间也较长一些,专业性更强。老师在刚开始使用时会有不适,这是正常的,待使用一轮之后,将会建立起幼儿行为与教育活动的关联,提升教育的自觉性。

学习目标

1. 能根据班级学生情况合理安排规划班级幼儿进行幼儿发展评估方案。
2. 熟悉幼儿发展评估的操作流程并能熟练进行观察与记录。

第一节　幼儿发展评估的组织方式和时间安排

　　幼儿的发展具有整体性,在进行幼儿发展评估时要进行幼儿发展内容多维度的评估;幼儿的发展具有连续性,因此在评估教师在进行幼儿发展评估的过程中也应充分考虑评估工作的系统性;同时幼儿的发展具有独特性,每一个幼儿发展之间存在差异化,有效地组织评估方式能够提高工作效率,因此通常采取的幼儿发展评估的组织方式有两种,教师可根据班级情况与活动计划灵活使用。

　　第一种评估方式是以区角作为观测基本单位:班级所有幼儿依次完成某一区角观测点的所有观察,再进行另外一个区角的观察记录。每一观测点对应的区角如表4-1所示。以区角作为评估单位能够快速地采集完成该区角活动涉及的关键行为下幼儿的发展数据,适合于进行高效快速地对某一领域下幼儿发展现状的评估,如当下想评估某班级幼儿语言领域的发展，教师可采取以阅读区角为基本单位高效地采集本班幼儿在倾听与表达、阅读与书写的发展数据。

表4-1　幼儿发展评估量表区角观测点

观测区角	观测点
户外区	动作平衡、韵律节奏
美工区	精细动作、美术创作
阅读区	倾听与表达、阅读与书写
益智区	数的认知、分类与排序、几何空间
科学区	物质与自然世界、工具的使用、预测-尝试-结论
角色表演区	角色表演
其他活动区	回顾、与同伴交往、与成人交往、情感表达、冲突解决

注：其他观测点的观察记录是伴随在区角活动的过程中的，例如发起活动与专注、策略能力、冲突解决等。

第二种评估方式是以班级幼儿作为观测单位：集中观测某几位幼儿，待他们所有的观测点数据采集后，再观测其他幼儿。以幼儿为观测单位，能够快速地采集到评估幼儿的整体数据，适合于为单个幼儿或少量幼儿进行发展评估，如开新班级，或有插班生来到班级，教师可在最短的时间内对幼儿进行发展评估，了解幼儿发展优劣势，更快更精准的了解幼儿的发展，并及时进行教育指导。

对班级整体幼儿的发展评估，建议幼儿发展评估可融入学期教学安排中，结合班级情况选择合适的评估组织方式，通过评估了解幼儿的发展状况，帮助改进教学。班级每位幼儿每个学期可完成2轮幼儿发展观测，分别是在开学初期（第一个月或者第二个月）与学期结束（小班幼儿入园1个月熟悉环境之后再进行观测）。如果班级教师人员不够，每学期至少完成一轮幼儿发展测评，具体时间可以自定。

第二节　观察评估前的准备工作：熟悉工具与诊断环境

进行观察评估前，评估者需了解幼儿的发展规律，观察评估中的指标内容，熟悉幼儿发展评估量表的内容和操作示例，检查观测中需要的基本条件，即各个区角的材料是否齐全。

一、诊断环境

户外游戏是否有充足的幼儿活动场地，地面是否平整（不强调地面材质）；户外人均面积不少于 2 平方米,有一定空间的儿童跑道,根据幼儿年龄特点,为幼儿制作钻、爬、攀登、平衡、翻滚等大、中、小型活动器械;有适宜的幼儿沙坑、玩水区、自然区、玩具储藏区(包括种植园和动物饲养角);空间利用合理,各种用具齐全,定期活动且有记录;所有的活动器械保持安全、卫生、整洁;每天有专人检查,并有记录,有休闲区,包括长廊、树荫、花棚等,放置有自然装饰而成的桌子、凳子等。

阅读区包含阅读材料和书写材料,阅读材料保证图书数量(人均 3~5 本),以及录音机、录音带、各类语言卡、标识符号、儿歌跳棋、新闻剪辑、符号文字书信样例等;书写材料包括纸笔,以及适合进行阅读的书架、矮桌、靠垫、地毯、小沙发等。

科学区有各类操作材料,如天平、度量器械、眼罩、嗅瓶、听力罐、触袋、磁铁、磁力、手电筒、丝绸、麻布、砂纸、光滑的木片、动植物标本等工具,镊子、尺子、放大镜、吸管、手电筒科学实验的记录表格等进行科学活动实验工具,以及各类台、架、矮桌等摆放工具。

益智区保证基础材料有材料架、矮桌、各类材料篮等;操作材料,如小积塑、形状套盒、套碗、套娃拼图、百变积木、磁力片、六面体、七巧板、配对板、排序卡、图卡、各类棋、穿线板、系扣、带板等益智活动材料。

角色表演区有各类社会角色的服装,如白大褂、警服等仿真服饰;各类社会角色的用具,如听诊器、注射器、钱、娃娃、奶瓶、厨房用具、清洁工具等;表演的道具,如头饰、纱巾、手偶、彩带等;场景布置道具,如矮床、柜架、小型桌椅(可用积木废旧材料及日常用的桌椅搭成)等。

美工区有美术活动基本材料,如各种笔、纸、调色板、超轻黏土(珍珠泥)、鸡蛋壳、涂色剪纸等操作材料;美术活动基本工具,如剪子、胶水、回形针、垫板、打孔机等;清洁用具,如抹布、广口瓶等;如有条件可备(小围裙或套袖)架、柜、矮桌等摆放工具。

建构区有各类积木,如大中小型积木、塑料积木、桌面百变积木等;不同规格的板材,如三合板或硬纸板、纸盒等;插拼玩具,如雪花片、磁接条、组装片。

各部分活动的材料要求及辅助材料清单详见附录 1 的材料操作样例表,评估者根据区角评估材料检查结果填写附录 2 环境诊断记录表。

二、熟悉工具及记录方式

对幼儿进行发展评估可根据组织方式选择评估形式,评估人员在跟踪观察评估幼儿发展数据时,可采用多种记录方式记录幼儿的发展,最终根据观察记录结合幼儿发展评估量表的标准对幼儿进行发展数据的记录。评估人员将幼儿进行编号,并把幼儿发展数据记录在附录 3 幼儿数据采集表中。最终评估人员将幼儿发展数据记录到数阅成长 App 幼儿数据(见图 4 - 1)。

< 幼儿姓名			
动作平衡	1	2	3	4
	5	6	7	8
精细动作	1	2	3	4
	5	6	7	8
韵律节奏	1	2	3	4
	5	6	7	8

< 幼儿姓名			
情感表达	1	2	3	4
	5	6	7	8
与成人交往	1	2	3	4
	5	6	7	8
与同伴交往	1	2	3	4
	5	6	7	8
冲突解决	1	2	3	4
	5	6	7	8

图 4-1 数阅成长 App 幼儿发展数据

第三节 评估指导的实施阶段：观察与记录

一、自然场景下的观测：观察评估的操作流程

对于幼儿发展评估的观察，倡导评估教师们尊重幼儿的天性，采取在自然场景下进行幼儿发展的评估。幼儿的发展具有差异性，在自然的场景下对幼儿进行观察评估，能够减少由于客观条件导致的幼儿行为表现的不稳定，最大限度地保证幼儿发展水平接近于幼儿目前发展的真实水平；同时避免制造出紧张的氛围，影响幼儿的心理状态。在进行幼儿发展评价是在幼儿园教育中进行时，教师明确幼儿发展评估对象，对选中幼儿进行编号，并由主班教师填写幼儿基本信息（见附录 3：幼儿数据采集表）。评估过程中，6 名幼儿一组，由主班教师组织相应的区角活动。评估过程中，样本幼儿（评估对象）尽量不变动，完成所有的关键行为评价。

根据幼儿发展评估量表的内容组织相应的区角或户外活动，并在活动中对幼儿在相应观测点的发展水平进行评估。评估过程中，建议由主班教师负责指导样本幼儿进行区角活动，配班教师指导其他幼儿活动，生活老师辅助两位教师，维护班级纪律、参与

指导幼儿活动、保障幼儿安全。户外活动部分（动作平衡、韵律节奏），不仅需要班级教师组织幼儿活动，另外还要求主、配班教师协同合作完成对幼儿该关键行为发展水平的评估。而对于幼儿单独进行幼儿的发展评估时，由专业幼儿发展评估师在幼儿发展评估专业场景下对幼儿进行发展评估。

在进行幼儿发展评估的过程中，结合评估者或评估单位的实际情况，在人力充足且时间能够合理分配时，通常采取人力评估，即评估教师采用不同的组织方式为幼儿进行一对一或者一对多的发展评估；而部分单位在时间和人力较为紧张的状况下，亦可采取利用信息技术进行评估，即通过电子设备采集视频，创建幼儿发展行为数据库，在后期有效地安排时间对行为数据库里面的幼儿行为发展进行评估。

二、幼儿发展评估量表的观察与记录

1. 幼儿发展评估的记录要求

通过区角活动或户外活动的形式，我们希望幼儿能够在自然状态下放松、真实地表现自己，以使我们更客观真实地观察和评估幼儿的发展水平。因此，教师和评估人员对幼儿进行观测和评估时，需注意每一个进阶的发展水平描述了幼儿的某一可观测的行为，要求观测记录的行为是自发的、一贯的。

（1）自发行为：自发行为是指在适宜的材料、环境（包括人际互动）下幼儿自然而然表现出来的行为。教师可以在与孩子互动中引导孩子的行为，但是特意训练或提供示范的行为不在记录范围内。如果在观测期间幼儿没有产生该行为，需要老师提出一些任务要求。例如，孩子最近没有进入阅读区，可以提示"阅读区最近添加了一套动物的书，这种动物生活在陆地上，喜欢以竹叶为食物，快去找来读一读"或"下一周我们请小朋友来介绍自己最喜欢的一种动物，请你们去科学区找找关于动物的秘密"。

（2）一贯行为：一贯行为从时间上来说，近期比较常见的；从活动情景下，不同情景下同样表现出来的，如学习品质、情感表达等观测点。教师根据幼儿近期的行为表现来记录。某一次偶然的行为，在之前或之后活动中都没有出现的行为不记录。

为保证对幼儿发展数据进行有效分析，幼儿的基础信息，如：姓名、性别、出生日期、所在年级班级等需及时记录，并保证完成幼儿发展的数据采集工作。

2. 幼儿发展评估的记录方式

幼儿发展评估的记录方法采用混合法，即幼儿发展水平的等级记录＋叙事记录。观察评估量表的 20 个观测点，每个观测点下有 8 个连续性的发展水平。在幼儿进行户外游戏与区角活动中，客观地记录观察对象在观测点上的发展水平。教师也可运用轶事记录、照片、视频、他人观察笔记等作为判断的依据。对于模糊、不确定或有疑问的部分，如无法判断幼儿在韵律节奏的表现是否符合力量美，可将幼儿表现以文字或图片、视频的形式记录下来，如表 4－2 所示。

表 4-2 户外运动区观察记录

观察行为描述	场景描述
(1) 不用扶楼梯护栏，双脚交替上下楼梯 (2) 在指定的范围内四散跑时能避开他人 (3) 能够抓住羊角球跳动(上下、前后)，保持平衡 (4) 能够踩着地面上有间隔的障碍物行走 (5) 能够手脚配合骑车或踩高跷(感统训练车、单轮车) (6) 能够连续性的自抛自接球或者沙包 (7) 能够一边走一边连续拍球 (8) 双手、双脚协调配合连续跳绳	

场景描述中记录所观测到的幼儿的行为，使你能够对幼儿所达到某一水平做出判断的轶事、照片、他人记录等资料。

3. 信息的填写

幼儿发展评估数据的有效性包括完整的幼儿基本信息(见表 4-3)和幼儿发展数据(见表 4-4)，完整的幼儿信息能够系统地分析幼儿的发展情况，并形成幼儿发展档案，用客观真实的数据呈现幼儿的发展，实现可视化的幼儿发展。

表 4-3 幼儿发展评估基本信息表

幼儿基本信息		
幼儿姓名：	幼儿性别：	幼儿年龄(×岁×月)：
入园时间：	所在班级：	观察时间：

表 4-4 幼儿发展评估数据记录表

观测点	幼儿 A	幼儿 B	幼儿 C	幼儿 D	幼儿 E	幼儿 F
动作平衡						
韵律节奏						
精细动作						
美术创作						
发起活动与专注						
策略能力						
回顾						
倾听与表达						
阅读与书写						
角色扮演						

（续表）

观测点	幼儿 A	幼儿 B	幼儿 C	幼儿 D	幼儿 E	幼儿 F
数的认知						
几何空间						
分类与排序						
预测-尝试-结论						
物质与自然世界						
工具的使用						
情感表达						
与成人交往						
与同伴交往						
冲突解决						

思考与练习

1. 请简要说明幼儿发展评估的准备工作有哪些?
2. 幼儿发展评估体系对幼儿园有哪些作用?

本章个人学习总结

1. 在本章中,你学到了:(至少列出 3 点)

_____

_____

2. 请你简要阐述幼儿发展评估的组织流程。

_____

_____

_____

_____

_____

_____

_____

_____

第五章　幼儿发展评估量表的操作

引　言

　　幼儿发展评估量表借鉴美国高宽幼儿观察量表的技术路线，以《幼儿园教育指导纲要(试行)》(以下简称《纲要》)和《3—6岁儿童学习与发展指南》(以下简称《指南》)为基本标准研发而成。幼儿发展评估量表在结构上分为运动与健康、认知发展、社会情感三大维度。本章将会对每一个维度下关键行为的观测点进行特征行为指标的解释与说明。

学习目标

1. 了解幼儿发展评估量表中九大关键行为与《纲要》中五大领域的对应关系。
2. 掌握 20 个观测点下的不同特征行为描述。
3. 能根据不同的观测点思考区角材料的投放。

第一节　运动与健康维度

　　身体健康，指幼儿在生理上、心理上及良好的社会的适应能力。幼儿发展的生理指标，例如身高体重、肺活量、血压、握力等在本观测中未涉及，可参考中华儿科杂志刊发的《3—18岁青少年儿童身高标准》。本维度主要选择动作平衡、精细动作、韵律节奏三大关键行为下的观测点进行观测，主要对应《纲要》中的健康领域。

一、关键行为：动作平衡

　　该关键行为有 1 个观测点动作平衡，主要观察评估各种基本动作的联合以及与其他感知觉配合的灵活性。在以往的幼儿动作发展评价中是用基本动作竞技达标的形式进行测评的,然而在幼儿的活动中经常涉及多幼儿园阶段,幼儿的活动并不是单一的动作发展,而是多个动作的联合。具体观察行为描述和特征行为解释如表5-1所示。

表5-1 A.动作平衡观测点特征行为描述

观察行为描述	特征行为解释①	备注
A. 动作平衡 指标1 不用扶楼梯护栏,双脚交替上下楼梯 指标2 在指定的范围内四散跑时能避开他人 指标3 能够抓住羊角球跳动(上下、前后),保持平衡 指标4 能够踩着地面上有间隔的障碍物行走 指标5 能够手脚配合骑车或踩高跷(感统训练车) 指标6 能够连续性地自抛自接球或者沙包 指标7 能够一边走一边连续拍球 指标8 双手、双脚协调配合连续跳绳	指标1:观测走的动作的能力,要求走路自然、协调、独立——对标《指南》健康2-1-1-2 指标2:观测跑中躲避危险的灵活性,要求不碰撞他人,同时躲开他人——对标《指南》健康2-1-1-4 指标3:观测幼儿跳的动作的灵活性,要求能坐稳,动作连续,非单次动作——对标《指南》健康2-1-1-3 指标4:观测幼儿身体动作的协调性,要求在有间距的物体上行走,不从障碍物上掉下来——对标《指南》健康2-1-2-1 指标5:观测幼儿身体动作的协调性,要求手与脚协调使用器械,并能向前行进——对标《指南》健康2-2-2-3 指标6:观测幼儿手、眼动作的协调性,要求连续性动作——对标《指南》健康2-1-2-5 指标7:观测拍球动作的准确与连贯性,要求在身体移动过程中拍球动作不中断——对标《指南》健康2-1-3-5 指标8:观测连续性动作的协调性,可以向前摇绳双脚跳或单脚交替跳,动作要点是手脚配合要协调——对标《指南》健康2-1-3-3	(1)玩具材料可以进行替代,例如在指标3中可以直接让孩子连续向前跳,不要求双脚同时落地 (2)指标1平时观测 (3)指标2在追逐游戏中观察,例如地雷爆炸 (4)指标3、4、5、6、7、8在户外自由活动时间观测,教师可以指定幼儿当天活动的材料 (5)根据测试的结果,小班常在1~5区间,中班常在3~7区间,大班常在4~8区间

观测场景:户外自由活动。

观测基本条件:

场地:空场地最少需要5 m×5 m。

操作材料:羊角球、骑行车辆(感统训练车)、高跷(梅花桩、荡桥)、皮球(沙包)或自制抛接玩具、跳绳等。

【评估场景:动作平衡】

评估指标1:教师可组织上下楼梯"参观幼儿园"。比如"今天幼儿园来了新客人,带老师参观一下咱们幼儿园吧。"或者组织餐后散步游戏。

---

① 特征行为解释:分别对应《指南》中五个领域的不同维度、目标、年龄段的指标。例如指标1中的"对标《指南》健康2-1-1-2":健康对应健康领域;第一个数字"2"对应维度二动作发展;第二个数字"1"对应目标1具有一定的平衡能力,动作协调、灵敏;第三个数字"1"对应目标1中的年龄段3—4岁,若为2则对应4—5岁,若为3则对应5—6岁;第四个数字"2"对应目标1表格中的年龄段3—4岁中的第2条能双脚灵活交替上下楼梯。

评估指标 2：教师可组织幼儿进行躲散追逐游戏。比如"老狼老狼几点了？""揪尾巴""地雷大爆炸""捕鱼忙"等游戏。

评估指标 3：教师可组织户外活动"羊角球比赛游戏"，比如"今天我们来进行羊角球比赛，看看哪位小朋友能够连续跳动的次数最多。"或其他能够让幼儿连续上下、前后跳动的活动。

评估指标 4：教师组织"障碍闯关游戏"。比如在地上放上间隔的轮胎、梅花桩或其他能够设置成障碍物的材料（见图 5-1），请幼儿踩在障碍物上连续行走。

图 5-1　动作平衡指标 4 示范

评估指标 5：组织幼儿进行活动"骑平衡车"或"踩高跷"（见图 5-2），要求幼儿完成该动作。

图 5-2　动作平衡指标 5 示范

评估指标 6：提供皮球、沙包或纸球，教师示范标准抛接物体（物体超过头顶），并请幼儿完成抛接动作，教师或幼儿记录其他幼儿抛接数量。

评估指标 7：组织篮球活动，请幼儿连续拍球并行进（见图 5-3），教师进行观察记录。

图 5-3　动作平衡指标 7 示范

评估指标 8：提供跳绳材料，教师示范标准连续的跳绳动作，请幼儿进行连续跳绳，教师记录幼儿跳绳个数，特别注意幼儿动作是否连续（见图 5-4）。

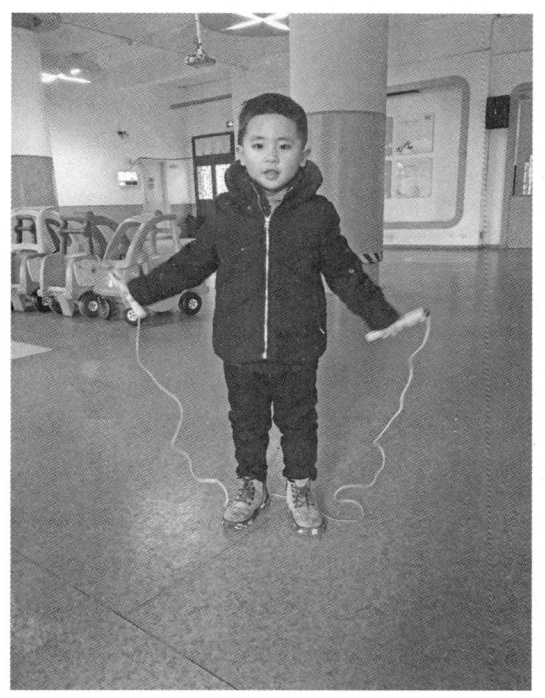

图 5-4　动作平衡指标 8 示范

二、关键行为：精细动作

该关键行为有 1 个观测点——精细动作，主要观察评估幼儿手部及其手指部肌肉的动作能力。手指动作与幼儿生活、学习活动密切相关，典型的精细动作技能通常是指与手指有关的动作行为，如伸手够、握持物体、进食和书写。在本观测中以美工区作为主要观测区域，个别项可以在建构区观察，常用的材料为美工区的材料。具体观察行为描述和特征行为解释如表 5-2 所示。

表 5-2　B.精细动作观测点特征行为描述

观察行为描述	特征行为解释	备注
B. 精细动作 指标 1　小手能够取放细小物品（要求不是握，动作捏）	指标 1：幼儿用手指取放物品的能力，强调手指功能的细化，例如食指与拇指拿起蜡笔——对标《指南》健康 2-3-1-2	(1) 教师提供材料，在晨间谈话让幼儿知道区角有哪些材料，可以怎么玩，但是幼儿进入区角后不再进行示范
指标 2　能用蜡笔涂涂画画，体现出边缘感（有边缘概念）	指标 2：幼儿涂画的时候能够大体在既定界限内，允许有出边界（涂色、线条可不均匀）——对标《指南》健康 2-3-1-1	
指标 3　能够完成穿线板、编织等活动	指标 3：观测手眼协调能力，要求能够两手配合完成一个物品的编织——对标《指南》健康 3-2-2-2	(2) 观察评估场景只是样例，在区角活动中完全可以是其他的活动内容，只要能够观测指标的内容
指标 4　两手配合沿着直线撕，基本吻合	指标 4：观测手指分工配合与控制的能力，撕出的物品基本是沿着画的直线——对标《指南》健康 2-3-1-3	
指标 5　能够从事折纸活动，边线基本对齐	指标 5：观测手指的灵活性与力量，要求折纸基本规范，可以是自己折也可以是有折线示意图的材料——对标《指南》健康 2-3-2-1	(3) 根据测试的结果，小班常在 1~5 区间，中班常在 3~7 区间，大班常在 4~8 区间
指标 6　能够沿着轮廓线剪出由曲线构成的图形，边线吻合	指标 6：观测手指用物的灵活性，要求剪出一个完整的物体——对标《指南》健康 2-3-3-3	
指标 7　能用美术材料橡皮泥画出/捏出具有细节的各种造型	指标 7：观测手部动作的精细程度，要求体现物体突出的 3-5 处细节，比如兔子，要能体现出兔子的耳朵、眼睛、尾巴等细节的部分——对标《指南》	
指标 8　能够自己打结或者系鞋带	指标 8：观测手部精细动作的灵活程度性——对标《指南》健康 3-2-3-2	

观测场景：美工区角（美术活动室），个别指标可以在建构区观察。

观测基本条件：

区角空间：容纳 4~6 个人的美工区。

操作材料：教师事先准备好的涂色、剪纸、编织等材料；区角美工材料，如蜡笔、橡皮泥（超轻黏土）、水彩笔、各类纸张等；工具材料，如剪刀。

【评估场景：精细动作】

评估指标1：班级教师提供细小物体的材料（如蜡笔、纽扣、小串珠等），在幼儿完成与其材料相关的活动时，即可观察幼儿是否出现拇指与食指捏物动作。

评估指标2：组织幼儿进行美工区区角涂色活动（见图5-5），教师可观察幼儿能否体现出边缘感。

图5-5 精细动作指标2样例

评估指标3：美工区提供穿线板、编织材料（见图5-6），教师引导幼儿完成穿线活动并进行观察。

图5-6 精细动作指标3样例

评估指标4：教师组织幼儿进行"撕面条"活动，如"今天老师要请小朋友们当小厨师，请你们把老师的一大块面团撕成一条一条细小的面条，面团上还藏着一个秘密机关线路，面条要沿着线撕才可以。"

评估指标5：教师可在区角投放折纸图例（如折青蛙、纸飞机等），教师可以引导幼儿，如"老师要请小朋友们进行折纸比赛，看看谁折的纸飞机对得最整齐。"引导幼儿观察图例并示范折纸飞机，并进行折纸活动（见图5-7）。

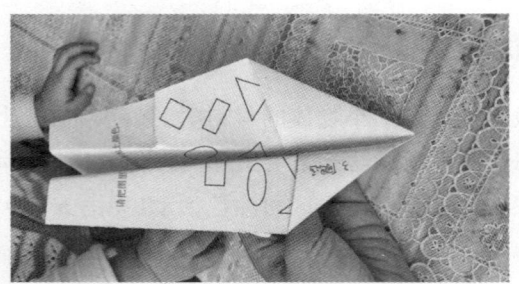

图 5-7　精细动作指标 5 样例

评估指标 6：教师可引导幼儿剪出由曲线构成的图形，如"小朋友们，你们喜欢甜甜圈吗？老师这里的甜甜圈被施了魔法困在纸里了，请小朋友用剪刀沿着边线小心地将甜甜圈解救出来。"教师引导幼儿说出制作乌龟、棒棒糖、甜甜圈等圆形的物体，剪下来制作成成品（见图 5-8），并可观察幼儿剪纸的动作是否规范。

图 5-8　精细动作指标 6 样例

评估指标 7：班级教师可在美工区提供多种材料，如小棍、毛球、超轻黏土、碎纸片、丝带、树叶、塑料动物眼睛、毛线等等，并在幼儿进行美术作品创作时引导幼儿使用。如"小朋友们可以自己选择喜欢和合适的材料对作品进行加工（见图 5-9），比如老师会用树叶做成兔子的耳朵，你们思考一下这些材料可以怎么点缀你的作品呢？"

图 5-9　精细动作指标 7 样例

评估指标 8：教师可在区角提供新的有鞋带的鞋子，教师可在区角活动时示范系鞋带，引导幼儿平时练习，并在区角活动定主题让幼儿进行自理能力大赛，请幼儿比赛系鞋带（见图 5 - 10），教师即可观察幼儿手部精细动作的灵活程度。

图 5 - 10　精细动作指标 8 样例

【评估注意事项】

（1）评估指标 2：不考虑幼儿绘画的疏密程度，而以涂色有边缘感为准，即去掉图形边界也可看到物体的大致形状、且涂色边缘与物体边界情况一致。涂色时稍微超出边界也算完成。

（2）评估指标 3：幼儿需要依次穿孔 5 个。

（3）评估指标 4：幼儿需要两只手前后配合撕数次，其横向偏差不超过 0.5 cm。

（4）评估指标 5：评估人员需观察折纸活动的完整性，活动可由老师全程指导、示范，只需要观察幼儿在折纸中是否做到线条对齐。每次折纸线条偏差不超过 0.5 cm 就算达标。

（5）评估指标 6：幼儿可以沿着图形进行剪纸活动，边线基本与图形边线吻合，横向偏差不超过 0.5 cm。

（6）评估指标 7：幼儿能增加三种类型以上的细节，如在叠好的纸飞机上画上一排窗户算一种。增加细节的大小比例与飞机比例较为和谐，没有十分突兀，能体现对手部肌肉的控制。

（7）评估指标 8：幼儿能系最简单的结即可，但不可是死结，如蝴蝶结。

【教师注意事项】

在幼儿进行折纸活动时，可由教师引导、示范，教师应注意只可通过语言和示范活动引导幼儿，不动手干预幼儿的折纸活动。

三、关键行为：韵律节奏

该关键行为有 1 个观测点——韵律节奏，主要是指观察评估幼儿伴随音乐进行与音乐相协调的、有节奏的身体动作。具体观察行为描述和特征行为解释见表5-3。

　　观测场景：本观测点选择幼儿园户外做操环节作为观测场景。

　　观测基本条件：

　　场地：容纳班级幼儿户外做操的空间。

　　操作材料：便携式小音响（或者幼儿园统一的音乐播放设备）。

表5-3　C.韵律节奏观测点特征行为描述

观察行为描述	特征行为解释	备注
C. 韵律节奏 指标1　幼儿对音乐没有反应 指标2　听到声音、语气、音乐后偶尔有动作 指标3　跟着熟悉音乐韵律做动作，但是并没有与节奏一致 指标4　感知大部分音乐的节奏快慢，有动作的变化 指标5　在整个过程中做出合拍的、节奏的动作 指标6　在音乐的开始、过渡、结束部分，幼儿用身体动作变化来表现 指标7　变换队形后能够跟着音乐节奏做操 指标8　动作与节奏的一致性程度高，动作到位，有力度与美观	指标1：观测幼儿对音乐的反应，播放音乐时幼儿没有动作上的反应 指标2：观测幼儿对音乐的反应，能够随着音乐做出个别动作，不要求合拍性——对标《指南》艺术2-2-1-2 指标3：幼儿对音乐韵律的反应，身体动作明显，如拍手、点头、摇动身体、摆臂、踩脚等，试图使自己的动作与音乐韵律相协调，不能完全合拍——对标《指南》艺术2-2-1-2 指标4：观测幼儿对音乐韵律的反应，要求能根据节奏变化动作，如节奏快动作加快——对标《指南》艺术2-2-2-3 指标5：观测幼儿随音乐动作的协调性，要求合拍地跟着音乐节奏做动作，动作连贯、平衡、合拍——对标《指南》艺术2-2-2-1 指标6：观测幼儿对于音乐的结构的感知与反应，要求对音乐前奏、过渡、结束等环节有不同的身体动作反应——对标《指南》艺术1-1-2-2 指标7：观测幼儿对动作的灵活性，要求变成其他队形后动作正确，且与节奏一致——对标《指南》艺术2-2-3-1 指标8：观测幼儿动作的质量，要求动作合拍准确，动作完全舒展开，体现出力量与美观——对标《指南》艺术2-2-3-1	本观测点将场景选择在户外做操环节，如果在音乐活动中能够观测到，也是可以的 观察场景只是样例，只要能够观测指标的内容均可 1～7的每一个指标项的观测中不考查动作的质量，而是看动作与音乐节奏的一致性，指标8才要求考查动作的质量水平 根据测试的结果，小班常在1～6区间，中班常在2～7区间，大班常在3～8区间

　　韵律节奏可在教师组织班级幼儿进行音乐律动时或者早操活动过程中对幼儿进行观察评估，无固定评估场景。

第二节　认知发展维度

　　认知发展：该维度有学习品质、语言发展、科学探索、艺术表现四个关键行为，对应于幼儿园语言、科学、艺术领域。之所以把艺术表现放在认知这一维度，基于以下三个原因：

　　（1）艺术、语言、科学都属于幼儿园教育领域。

（2）艺术表现来源于生活，是通过认知加工而创造出来的作品。

（3）艺术表达和语言、科学一样，要通过班级区角活动来实现幼儿发展。

一、关键行为：学习品质

学习品质：该概念还未达成学术界的统一认识。有将学习品质界定为幼儿学习的倾向、态度、风格；也有将学习品质简单界定为学习态度与习惯等。本工具从元认知的角度来细分学习品质可观测的行为。元认知是关于认知的认知，依据幼儿对于其活动过程是否有其认知分析，选择了发起活动与专注、策略能力、回顾作为学习品质这一关键行为的观测点。具体观察行为描述和特征行为解释如表5-4所示。

表5-4　E.发起活动与专注观测点特征行为描述

观察行为描述	特征行为解释	备注
E. 发起活动与专注 指标1　幼儿无固定的兴趣，闲逛 指标2　做自己感兴趣的活动或游戏（中途可能转移注意力） 指标3　在老师提醒下能坚持完成自己的活动或游戏 指标4　能坚持集中注意力在指定的活动上10 min 指标5　幼儿受到干扰后能自己回到原来的活动，直到任务完成 指标6　能够同时接受并完成两个及以上的任务要求 指标7　抵制外界干扰坚持自己感兴趣的活动20 min以上 指标8　能较长时间内（2天以上）完成他所从事的活动	指标1：观测幼儿对区角的兴趣，强调幼儿没有感兴趣的区角，即使在某一区角停留也不进入活动。 指标2：观测幼儿进入区角的注意力，强调幼儿能选择自己感兴趣区角，但是时间短，易被他人、他物、声音等影响，不能坚持——对标《指南》社会1-3-2-1 指标3：观测幼儿进入区角的任务意识，幼儿从事某一项活动只有在教师不断的提醒下才能完成任务 指标4：观测幼儿在区角活动的注意力，强调在区角活动（阅读、美工、绘画、户外等）中，能够持续坚持10 min及以上，中途没有放弃、转移活动等行为 指标5：观测幼儿在区角的任务意识，强调活动进行时，暂时地被外界环境吸引，之后能回到活动中完成任务 指标6：观测幼儿区角活动任务意识的复杂程度，要求有两个连续的任务要求 指标7：观测幼儿在区角活动的注意力，强调在区角活动（阅读、美工、绘画、户外等）中，能够持续坚持20 min及以上，中途遇到干扰也能坚持正在从事的活动 指标8：观测幼儿活动的坚持性、任务意识，强调幼儿对于当天没有完成的活动，第二天、第三天还有兴趣能回到活动上，坚持完成	（1）在区角进行观测时，需要从幼儿进去活动开始就关注，并且对幼儿活动过程中的任务意识进行记录，形式可以是视频、日记等 （2）观测场景样例仅仅是为了提供可参考的样例，请老师们根据幼儿在区角的表现进行客观记录

观测场景：学习品质这一关键行为贯穿在幼儿每一个活动的过程中，当幼儿进入活动，在活动过程中通过策略使用以及活动结束后的再现，因此学习品质的观测不再强调在哪个区角，可以在任意一个区角中进行观测。

观测基本条件：

（1）教师观测到幼儿在某一次活动中的表现，或是教师根据幼儿在最近一段时间内参与活动所表现出来的一种状态进行的记录。

（2）在某一次活动中进行观测幼儿的学习品质，需要观测整个活动过程。

发起活动与专注：指幼儿进入活动的方式，并对自己活动的关注。

发起活动与专注部分的评估依据选择能体现评估内容的区角进行评估，需要熟悉幼儿的评估人员在评估前进行标注幼儿的适宜表现场景，以展现幼儿在发起活动与专注方面最好的一面，可参考结合策略能力评估场景进行观察评估，无固定的评估场景。

【评估案例】

萌萌在益智区进行做串珠游戏，但是中途听到户外有声响，便放下手上游戏到户外观察他人的活动（见图5-11）。南南在阅读区角看书，萌萌看见南南一个人在看书，便走到南南身边邀请他一起到科学区玩万花筒，南南告诉萌萌自己不去，并和萌萌分享图书，把整本书阅读完（见图5-12）。

图5-11　发起活动与专注指标2动作示范　　图5-12　发起活动与专注指标5动作示范

策略能力：在活动过程中幼儿解决问题的方式方法，表现出个体的思维方式。具体观察行为描述和特征行为解释如表5-5所示。

表5-5　F.策略能力观测点特征行为描述

观察行为描述	特征行为解释	备注
F. 策略能力 指标1　有自己兴趣任务，进展不顺利就放弃 指标2　用眼神、肢体动作去寻找合适的游戏伙伴或活动材料 指标3　重复某一行为，即使不成功也这样做	指标1：观测幼儿解决问题的意识，该项表示幼儿不具有解决问题的意识 指标2：观测幼儿寻找材料、同伴的方式，强调使用的是感官，例如手、眼、动作等 指标3：幼儿解决问题的方式处于动作水平，幼儿重复某一动作来解决问题（哭闹不是解决问题的方式）	（1）策略能力侧重观测幼儿在活动过程中发现问题，解决问题的能力，发展幼儿的思维能力

（续表）

观察行为描述	特征行为解释	备注
指标4　有自己的兴趣任务，进展不顺利时主动寻求帮助 指标5　在表达问题或者求助的时候有自己的分析 指标6　能帮助同伴解决问题，完成活动 指标7　运用多种材料、多人合作去完成一个复杂的活动 指标8　预测活动中存在的潜在问题，并找出可能的方法	指标4：幼儿解决问题的方式处于社会性水平，会用语言向成人或同伴求助 指标5：观测幼儿对问题的识别，要求能用语言说出自己的问题与解决问题的想法或者所需要的帮助 指标6：观测幼儿对他人活动需要的识别，要点是幼儿主动去帮忙，且同伴是有困难存在的 指标7：观测幼儿在完成一个复杂活动过程中使用的策略（如材料不足时利用其他材料；一个人无法完成时，和同伴合作完成） 指标8：观测幼儿在活动开始前或活动过程中对问题的预判性和思考解决的办法	（2）该观测点在任何活动中都可能出现，描述的行为发生则记录

【评估场景：发起活动与专注、策略能力】

（1）提前准备建构区的积木和雪花片，让幼儿自由选择玩哪种玩具，小朋友先自主玩积木或雪花片。教师观察孩子在自主游戏中是否出现发起活动与专注1-3、策略能力1-2的典型性行为。

（2）老师向幼儿提供任务，如：教师可引导幼儿"请小朋友帮老师用积木搭一座7层楼高的大房子，用雪花片拼一只小兔子"。教师可观察幼儿是否出现策略能力3-6、发起活动与专注4-6的典型性行为表现。

（3）教师设置干扰，如老师可故意在桌子上放置其他玩具干扰幼儿，并观察幼儿能抵制外界干扰坚持10～20 min。由此观察幼儿是否出现发起活动与专注4、5、7的典型性行为表现。

（4）教师可根据幼儿搭建任务，给幼儿布置一个更为复杂的任务，如搭建一个和自己一样高的城堡。教师可连续几天观察幼儿是否出现策略能力7-8、发起活动与专注8的典型性行为表现。

回顾：幼儿在活动结束后对活动过程的回忆与改进的思考。具体观察行为描述和特征行为解释如表5-6所示。

观测场景：区角活动结束的谈话环节或者是教师在幼儿区角活动结束时的提问。

观测幼儿在某一次活动过程中发现问题以及如何解决问题的能力。

表5-6 Ⅰ.回顾观测点特征行为描述

观察行为描述	特征行为解释	备注
Ⅰ. 回顾 指标1 用表情、动作等非语言方式表达刚才所做的事情	指标1：观测幼儿对活动的再现能力，幼儿不用语言表达，只用非语言示意	（1）在区角活动结束后教师一般需要组织"回顾"的环节，在这个时间点进行观测幼儿对活动过程的认知能力
指标2 能用语言说出自己刚刚做的事情或活动	指标2：观测幼儿对活动的再现能力，要求表述完整，不要求细节	（2）该观测点可以是幼儿回顾的任何一活动中的行为，样例仅仅是为了更好地解释指标
指标3 能表达出想再玩、再做的游戏或区角活动，并说出原因	指标3：观测幼儿需求的表达能力，要求在游戏中能够用语言表达自己活动的需求	
指标4 能够回忆起之前他人所经历（做）的事情的2.3件细节。	指标4：观测幼儿的细节再现能力，要求幼儿能较为具体地说出两三个细节，可以配有动作、表情等	（3）根据观测的结果，小班常在1～4区间，中班常在3～7区间，大班常在4～8区间
指标5 能够用语言评价出自己或他人活动（作品）	指标5：观测幼儿的客观评价能力，要求能够较为客观地评价自己/他人的活动或作品	
指标6 能够用语言表达出在活动过程中的想法或发现的问题	指标6：观测幼儿发现问题的能力，要求能用语言说出他在活动过程中产生的疑问，并向大家提出来。——对标《指南》社会1-3-3-1	
指标7 能够解释活动过程中出现问题的原因	指标7：观测幼儿对问题的分析能力，要求说出的原因与所遇到的问题具有一致性	
指标8 能够有条理地提出下次活动针对性的改进的意见与想法	指标8：观测幼儿的思考的逻辑性，要求意见具有条理性、针对性、关联性	

【评估场景：回顾】

评估指标1～2：表演区《三只小猪》，在回顾环节中，老师请萌萌来介绍她们今天在表演区的活动。"我和月月她们一起表演了《三只小猪》的故事，我表演的是猪小弟，穿着小猪的衣服……"

评估指标3："小朋友们，你们喜欢这个活动吗？还想再玩吗？为什么呢？"萌萌争着回答"我喜欢这个活动，可好玩了，我下次还要扮演猪小弟，因为大家都说我表演的可像了。"

评估指标4～5：老师问"萌萌你知道其他小朋友都表演了些什么？她们表演得怎么样？"萌萌说"月月表演了大灰狼，她吹倒了猪老大的茅草房子和推倒了猪老二的木房子……，她表演得很像大灰狼，有狼的大爪子，学狼一样嗷嗷叫，最后被猎人打死了还在躺在地上装死呢。"

评估指标6～8：老师问"那么你们觉得自己的表演成功吗？有什么下次可以进步的地方吗？"萌萌"我们表演得很好，可是来看的人很少。""为什么呢？""我们之前没有做邀请卡，很多小朋友都不知道我们的表演。""你们明天再来一次，怎样才能吸引小朋友来呢!""我们下午就开始设计邀请卡,把时间、地点、剧名都写上去,还可以画上地图,然后发给所有小朋友。"

二、关键行为:语言发展

语言发展:《幼儿园教育指导纲要(试行)》中强调幼儿的语言发展是在用的过程中发展起来的,虽然有一般的年龄特征,但是个体差异性比较大。不管是语言的哪个方面的内容,都涉及"倾听与理解、语言表达、阅读准备、书面准备"等具体内容,因此本观测工具对这个方面根据语言形式观测口头语言与书面语言。

倾听与表达:主要观测幼儿的口头语言。倾听侧重听懂日常生活与语言活动中的信息,在理解的基础上能用合适的方式表达;表达是侧重幼儿语音的运用,比如词汇、句式的使用以及运用语言交流、讨论的逻辑性。具体观察行为描述和特征行为解释如表5-7所示。

表5-7　G.倾听与表达观测点特征行为描述

观察行为描述	特征行为解释	备注
G. 倾听与表达 指标1　倾听他人说话但没有回应 指标2　能用简单语言回应日常会话(如吃饭、洗手等) 指标3　能够复述出听到的语言信息 指标4　在图片、实物或成人提醒下,幼儿能够用语言讲述所见所闻的事情 指标5　结合情境感受到不同语气、语调所表达的不同意思 指标6　遇到听不懂或者有疑问的时候,能够通过提问、询问等方式来获得信息 指标7　能够听懂他人一些反映因果、假设、条件等关系的句子,并表达出自己的想法 指标8　与同伴围绕感兴趣、最新的事件展开主题讨论,事件清晰,有个人观点	指标1:观测幼儿对语言的回应,他人发出语言信息无回应——对标《指南》语言1-1-1-1 指标2:观测幼儿语言表达的主动性,要求是幼儿用语言自然地加入他人交谈中——对标《指南》语言1-1-1-2 指标3:观测幼儿倾听的理解能力,要求幼儿能复述出听到的关键信息,如时间、地点、人物、事件——对标《指南》语言1-2-1-3 指标4:观测幼儿语言表达能力,要求能用语言讲述一件事,基本完整(六大基本要素)——对标《指南》语言1-2-2-3 指标5:观测幼儿语言情感的理解能力,要求体会到不同情境或语调中词语包含的不同情绪——对标《指南》语言1-1-2-2 指标6:观测幼儿语言表达的主动性,要求听不懂的时候能提出来——对标《指南》语言1-1-3-2 指标7:观测幼儿的语言理解能力,要求能够听懂复杂句(使用某一类的词汇即可)——对标《指南》语言1-1-3-3 指标8:观测幼儿语言表达的完整性、逻辑性——对标《指南》语言1-2-3-3	(1)幼儿的语言发展是在运用的过程中发展起来的,需要教师提供幼儿倾听与表达的机会,在一日生活中,区角活动等都是交流的场所。《纲要》明确提出要为幼儿创设一个想说、敢说、喜欢说、有机会说并能得到回应的环境 (2)根据观测的结果,小班常在1~4区间,中班常在3~7区间,大班常在3~8区间

观测场景：主要集中在阅读区进行观察，有个别的指标是在日常生活人际交往互动中可以观测到的。

观测基本条件：

（1）创设 4～6 个人的阅读区，阅读区具有适合幼儿看的图书；舒适与柔软的沙发与垫子，最低要求有桌椅；粘贴有图书区规则。

（2）在幼儿进行阅读区自主活动时，教师进入与幼儿交流，讨论书中内容。教师也可以在日常生活中组织语言的专题活动，形式可以多样，例如报菜名、播放天气、新闻播报、制作广告等。

【评估场景：倾听与表达】

为了进一步加强老师们对 1～8 典型性行为水平的理解，因此提供了观测场景样例，需要注意的是评估场景样例仅做参考，请老师们根据幼儿在区角的表现进行客观记录。

评估指标 1：在日常生活中观测，教师与他人或幼儿交流，观察幼儿的反应。

如教师："刚才这本故事书中出现三种小动物，分别是谁呢？"

评估指标 2：在日常生活中观测，教师提出生活中常见的问题，如就餐前问幼儿："我们餐前应该先做什么？"幼儿能够用语言进行回应。

评估指标 3：教师借助绘本故事，在故事开始或过程中，请幼儿复述老师说过的话。

评估指标 4：教师借助故事绘本，请幼儿讲一讲其中一页的故事情节，幼儿讲出时间、地点、人物、事情的过程。

评估指标 5：教师在讲故事过程中，将某些句子或词汇的情感通过语气、声调的变化让幼儿理解。如《你看起来好好吃》中"嘿嘿嘿嘿，你看起来好像很好吃"，教师用欢快的语气表示霸王龙愉快的心情。

评估指标 6：幼儿在听《你看起来好好吃》时，主动提出"为什么霸王龙不吃草？"

评估指标 7：幼儿在听《你看起来好好吃》后回答问题时说道："因为小甲龙不想和爸爸分开，所以拼命往山上跑"。

评估指标 8：幼儿讨论"周末趣闻""我的幼儿园老师""新闻时间"等内容，如有幼儿说"我周末去动物园了，看到大象，大象的鼻子好厉害"。

【评估注意事项】

（1）评估指标 1：观察幼儿对语言的回应。

（2）评估指标 2：可以加入他人对话的群体，不局限于同伴，可以是教师。

（3）评估指标 3：能复述两个或两个以上的关键因素即可，可以只用短词汇来表达，也可以说完整的话。

（4）评估指标 4：在教师提问或者针对性补充提问后，幼儿回答问题中包含不少于三个要素即可。

（5）评估指标5：幼儿需要用语言表达出自己对其的理解，要求在语境下基本正确。

（6）评估指标6：需要幼儿主动提出问题，同时能看出幼儿提问的目的是想获得更多信息。记录时只观察幼儿在自然状态下是否有提问题的举动（即无教师提醒）。

（7）评估指标7：复杂句包含因果、假设、条件、转折句，幼儿需要正确表达自己对复杂句的理解。

（8）评估指标8：幼儿间能展开多轮对话（两人间谈话至少进行4次即两轮，三人谈话至少进行6次两轮），需要表达出自己的观点，清晰的事件信息。此谈话内容也可以是基于活动时段的绘本故事内容展开的，但要符合活动情境及上文语境。

【教师注意事项】

（1）在评估指标3时，可以依次询问不同幼儿不同页的绘本故事。在询问过程中，如果幼儿答不上来，可以询问三次同等难度的问题，但不能进一步提醒。

（2）在评估指标4时，教师可以对单个要素进行提问，以补充幼儿回答内容。如那你能告诉老师是在什么时间发生的故事吗？

（3）在评估指标6时，教师无须专门环节且无须引导，留给幼儿自发提问的空间。

阅读与书写：主要观测幼儿的书面语言。阅读是在书面语言的环境中获得早期书面语言学习经验，即"前阅读"，接触书面语言，了解图片文字符号所表达的意义，建立口头语言与书面语言的联系，积累阅读的经验；书写是指通过感知、涂画、涂写、模拟写字或符号，用图形和文字向周围的人传递信息、表达感情及构建前书写经验，强调书面表达的愿望和初步技能。具体观察行为描述和特征行为解释如表5-8所示。

观测场景：主要集中在阅读区进行观察，有个别的指标是在日常生活人际交往互动中可以观测到的。

观测基本条件：

（1）创设4～6个人的阅读区，阅读区具有适合幼儿看的图书；舒适与柔软的沙发与垫子，最低要求有桌椅；粘贴有图书区规则。

（2）在幼儿进行阅读区自主活动时，教师进入与幼儿交流，讨论书中内容。教师也可以在日常生活中组织语言的专题活动，形式可以多样，例如报菜名、播报天气、新闻播报、制作广告等。

表5-8 H.阅读与书写观测点特征行为描述

观察行为描述	特征行为解释	备注
H. 阅读与书写 指标1 要求成人给他讲故事、读儿歌	指标1：观测幼儿阅读行为发生的频率以及阅读的兴趣，要求行为是多次可见，非偶然性，不要求幼儿能够理解阅读的内容——对标《指南》语言2-1-1-1	（1）在观察中可能某一行为观察不到，这并不一定是幼儿发展的问题，有可能是因

（续表）

观察行为描述	特征行为解释	备注
指标2　幼儿自己翻阅图书 指标3　拿着故事书，手指着图片说故事，读他认识的物体 指标4　能够根据画面上的信息，完整讲述故事情节 指标5　能够根据要求对其中部分情节用抽象符号，进行书画 指标6　对常见的标识、符号感兴趣，能识别并写出常见的标识、符号 指标7　能正确写出自己的名字 指标8　在样例的指导下，用文字、符号等形式写有意义的句子或故事	指标2：观测幼儿阅读的方法，要求幼儿自己主动翻阅图书 指标3：观测幼儿前书写行为的发生，只要有这行为发生即可，不要求正确——对标《指南》语言2-2-1-2 指标4：观测幼儿书面理解的能力，要求能看图，进行合理的想象，将画面内容讲述出来——对标《指南》语言2-2-2-2 指标5：观测幼儿前书写行为的意义化，幼儿用图画形式表达他想要表达的信息——对标《指南》语言2-2-2-3 指标6：观测幼儿阅读经验的积累以及常见符号的书写能力，能够将一些标志、符号的意义说出来，并能够画出他人可识别的标识。 指标7：观测幼儿必备的书写能力，能写出自己名字，要求能识别，不要求笔顺，但要求符合从左到右或者从上到下的基本书写顺序——对标《指南》语言2-3-3-2 指标8：观测幼儿前书写的表达意识，用自己有限的文字、符号（或组合）进行书写，要求符合从左到右或者从上到下的基本书写顺序，并且能够被识别出意义——对标《指南》语言2-3-3-1	为阅读区未提供幼儿适合的阅读材料以及教师对阅读区缺乏指导 （2）阅读区不仅仅是投放可供阅读的图书，还需要有相应的纸、笔、图片、汉字卡片等辅助性材料，让幼儿将阅读经验通过书面形式表达出来 （3）根据观测的结果，小班常在1～5区间，中班常在3～6区间，大班常在3～8区间

【评估场景：阅读与书写】

为了进一步加强老师们对1～8典型性行为水平的理解，提供了观测场景样例，需要注意的是评估场景样例仅做参考，请老师们根据幼儿在区角的表现进行客观记录。

材料准备：舒适的区角环境（软垫、靠垫、环创等）、书架、笔、纸、标识卡片和故事书若干。

评估指标1：教师根据幼儿平时要求阅读行为发生的频率来判断。

评估指标2、3：幼儿在阅读区自己翻看故事书，手指着书上的物体说："大恐龙"。

评估指标4：幼儿依据画面完整讲述故事内容，如幼儿在阅读区自己看书，说："很久以前，一只小甲龙出生了，它错把霸王龙当成自己的爸爸，一声爸爸融化了霸王龙的心，于是霸王龙一路护着小甲龙成长，并且教会了它很多本领，最后霸王龙还帮它找到了真正的父母，回到了它们的身边"。

评估指标5：教师分发纸笔，请幼儿画一画这个故事中你印象最深刻的情节（见图5-13/5-14)注意幼儿绘画时间控制在5 min以内，画完后，请跟其他小朋友分享一下你画的是哪一个情节？

图 5-13 阅读与书写指标 5 样例 1

图 5-14 阅读与书写指标 5 样例 2

评估指标 6：教师提供标识符号，请幼儿（每位幼儿轮流指认）讲一讲它们分别表示什么含义？（见图 5-15/5-16）

图 5-15 阅读与书写指标 6 样例 1

图 5-16 阅读与书写指标 6 样例 2

评估指标 7：教师通过幼儿作品上的名字进行观察，或者让幼儿直接书写自己的名字（见图 5-17/5-18）。

图 5-17 阅读与书写指标 7 样例 1

图 5-18 阅读与书写指标 7 样例 2

评估指标8：教师在阅读区提供笔纸等书写工具，句子内容示例（教师读2遍）：妈妈喜欢花和草莓/花园里的花开了……请小朋友们把刚刚教师说的这句话用字写在纸上，不会的字可以画图代替（见图5-19/5-20）。

图5-19　阅读与书写指标8样例1　　　　图5-20　阅读与书写指标8样例2

【评估注意事项】

（1）评估指标1：幼儿有要求阅读的行为，持续时间长或出现三次以上即可。

（2）评估指标2：主动翻完整个绘本故事，主动阅读故事内容。

（3）评估指标3：能用手指指着绘本故事上的图片说他认识的物品或者猜到的故事。

（4）评估指标4：幼儿能讲述一页绘本故事，将看到的物体用故事联系起来，用完整的话表述而不是用词语表达出来。

（5）评估指标5：幼儿能进行简单绘画，包括没有特征性的绘画和较为形象的绘画，只要能用语言表达自己所绘内容，且内容与绘本故事有关即可。

（6）评估指标6：能够认识任意的4个符号及以上。

（7）评估指标8：能够记录一句话，其中包含用一些已学会的汉字和象形图形取代复杂汉字，并要求句子能体现听到的60%的词语信息。

【教师注意事项】

（1）在进行指标4测评时，应询问："这一页讲了什么故事呢？"避免问："你看这页有什么东西呢？"鼓励幼儿用完整的语句表达而非词汇。

（2）在进行指标5测评时，教师须询问幼儿绘画作品的含义。

三、关键行为：科学探索

科学探索：幼儿对周围事物的好奇心、探究欲望，以及通过简单的工具或实验来获得结果的过程，重在过程的探索。在《3—6岁儿童学习与发展指南》中，科学领域是将科学与数学分成两大模块提出目标与要求的，本观测工具也包括数学与科学两大块。数学发展主要观测数的认知、几何空间、分类与排序;科学发展主要观测物质与自然世界、工具的使用、预测-尝试-结论。

分模块一:数学学习与发展

数学教育中内容很多,我们选择了数的认知、几何空间、分类与排序作为主要观测内容,其中集合、测量、空间、统计等融合在关键行为6之下。具体观察行为描述和特征行为解释如表5-9所示。

表5-9 K.数的认知观测点特征行为描述

观察行为描述	特征行为解释	备注
K. 数的认知 指标1 有数量意识,能够说出诸如我家有3口人,这有4朵花等数量关系	指标1:观测幼儿的数量意识,能用数词+量词的方式说出周边生活、图片上的数量——对标《指南》科学2-2-1-4	观测场景一般在益智区,老师与幼儿的互动活动中观测,也可以在一些过渡环节,例如在数字歌中获得观测的信息
指标2 能够手口一致的点数到5,说出总数	指标2:观测幼儿点数能力,要求手的动作与说的动作一致,并能够说出总数——对标《指南》科学2-2-1-3	幼儿对数的认识是一个从具体到抽象的过程,需要教师创设能引出孩子行为的环境,提供合适的材料来观测
指标3 能够进行20以内的唱数	指标3:观测幼儿唱数能力,要求连续,允许在进行时有少许停顿	根据观测的结果显示,小班常在1~5区间;中班常在3~6区间;大班常在5~8区间
指标4 比较两组不同物体的数量多少	指标4:观测幼儿计数与比较能力,允许点数方式说出比较的结果,要求结果正确——对标《指南》科学2-2-2-4	
指标5 能够不受物体大小、形状、排列形式的影响,比较出两组物体的多少(7个以内)	指标5:观测幼儿数量守恒能力,要求在变化物体的大小、形状、摆放等后,仍然能够比较出两组物体的数量关系——对标《指南》科学2-2-2-2	
指标6 知道10以内数字的相邻数	指标6:观测幼儿数量的比较,能够不从1开始数数,知道某一数的相邻数及相差关系——对标《指南》科学2-2-2-3	
指标7 能够进行10以内数字的组合与分解	指标7:观测幼儿对数的组合和分解能力,能够理解分合中的互换和互补关系——对标《指南》科学2-2-3-3	
指标8 能够运用数学解决日常生活中的数学问题(例如食物分配、应用题、人数统计、运动排名等)	指标8:观测幼儿运用数学解决问题的能力,要求教师创设问题情境,幼儿用已有的数学知识解决——对标《指南》科学2-1-3-2	

观测场景:主要集中在益智区进行观察,个别观测指标可以在日常生活中观测。

数的认知:与数相关的点数、认数、数数以及数之间的关系的认识。

观测基本条件:

(1)创设益智区,提供与数学以及幼儿思维相关的活动材料,如百变积木、数字卡片、数字接龙卡片、磁力片、粘贴板等,图书如《里外》《数数小狗有几只》等,也可以在建构区与益智区进行观测各种形状的积木。

(2)教师需要就材料的使用进行介绍,可以组织区角中的数学小活动。

【评估场景：数的认知】

为了进一步加强老师们对 1～8 典型性行为水平的理解，因此提供了观测场景样例，需要注意的是评估场景样例仅做参考，请老师们根据幼儿在区角的表现进行客观记录。

材料准备：积木、雪花片、数字卡片等若干。

评估指标 1：在日常生活中听幼儿的说话，如幼儿："老师，我要一支红色的蜡笔"；或是利用现场玩教具或提问方式灵活评估。

评估指标 2：在取放物体或是给幼儿指定任务时观察，如教师："请你帮老师拿 5 个雪花片"，幼儿能正确操作。

评估指标 3：所有小朋友一起，从 1 数到 20。预备 3 2 1 开始，1……（教师从 1 开始数逐渐声音越来越小），幼儿唱数到 20，若有幼儿未跟数，请老师对其再单独进行观察。

评估指标 4、5：在益智区教师与幼儿坐在一起，通过《魔术变变变》来提问，并记录幼儿回答情况。如教师将纽扣横向摆成两排，第一排纽扣 5 颗，第二排纽扣 6 颗，请幼儿比一比，谁更多？并说出多的物体，待幼儿回答完毕，接着教师将两排纽扣改变摆放方式，第一排纽扣摆放稀疏些，第二排纽扣摆放成闭合的圆形，并调整纽扣数量请幼儿比一比，谁更多？并说出多的物体。

评估指标 6：在益智区中提供 1～10 数字卡片，教师和幼儿一起按照从小到大的顺序排列，教师告知幼儿每个数字宝宝都有好朋友，分别是最接近它的前后 2 个数字，教师可用数字 2 来列举，让幼儿理解数字宝宝 2 的好朋友是 1 和 3，然后教师再问"4 的好朋友是谁？"，幼儿回答"4 的前面是 3，后面是 5"即可。

评估指标 7：白雪公主一共有 7 个小矮人朋友，可是有些小矮人不见了。请小朋友们帮白雪公主数一数，每组都少了哪几个小矮人，将它们连起来。

评估指标 8：《谁是运动员》

如教师："幼儿园要开始投球比赛了，班上要选出 3 名女运动员和 3 名男运动员，怎么选出来呢？"

幼儿："大家去外面投球，在地上做个记号，然后量一量，看谁投得远。"

教师："那怎么量呢？"

幼儿："可以找一根绳子量。"

之后幼儿开始去投掷、测量、排序，选出运动员。

【评估注意事项】

（1）评估指标 2：幼儿能手口一致点数到 5，并能说出总数概念即达标。不知所措或不明白总数概念的被视为不达标。

（2）评估指标 3：幼儿有可能没有跟随大家一起数数，在之后单独数时能唱数到 20 也被视为达标。

（3）评估指标4：只判断结果正误，不要求用某种特定的数学方法。若幼儿回答错误，教师可重新准备材料再进行两次提问，幼儿在三次机会内有一次回答正确即达标。

（4）评估指标5：只从幼儿结果的正误作为判断标准。

（5）评估指标7：幼儿答对一半及以上题目即达标。

【教师注意事项】

对于所有问题，若幼儿第一次回答错误，教师可重复提问或更换相同难度的问题再提问，对一个幼儿最多可提问3次。

几何空间：指对平面图形、立体图形及其特征的认识以及空间关系的识别。具体观察行为描述和特征行为解释如表5-10所示。

表5-10　L.几何空间观测点特征行为描述

观察行为描述	特征行为解释	备注
L. 几何空间 指标1 幼儿能说出图片上事物的空间方位（上下、前后、里外）或者按方位词指令做出行动（完成其一即可）	指标1：观测幼儿对空间方位的辨识，要求说出空间方位词或按照方位指令做出正确的反应——对标《指南》科学2-3-1-2	（1）幼儿对几何空间的认识需要借助区角材料来发展，需要老师提供丰富的活动材料，并且细致的观察
指标2 认识常见的形状，圆形、三角形、正方形、长方形（要求都认识）	指标2：观测幼儿对平面图形的认识，要求能够说出形状的名称——对标《指南》科学2-1-1-1	（2）观测指标1～4可以用物体建构活动完成
指标3 发现生活中常见的物品形状，说出这些形状的基本特征	指标3：观测幼儿对平面图形基本特征的认识，例如长方形能够说出两条长边、两条短边、四个角——对标《指南》科学2-3-2-2&2-1-2-1	（3）指标5～6可以通过动手操作再用记录的形式完成观测
指标4 幼儿能够不受形状的摆放、大小等影响，正确辨认图形（三角形或梯形）	指标4：观测幼儿的图形守恒能力，要求变动形状的位置、大小等，幼儿仍能正确辨别出来——对标《指南》科学2-3-2-2	（4）指标7～8可以从制作立体图形，再从不同的角度绘制完成观测
指标5 发现物体的形状特征，能够用图形拼摆出来	指标5：观测幼儿图形组合能力，能够动手操作将若干块不同图形组合成新图形，如用若干图形拼成一个大三角形——对标《指南》科学2-3-2-1	（5）根据观测的结果显示，小班常在1～6区间，中班常在3～7区间，大班常在4～8区间
指标6 能用七巧板拼摆出物体的造型	指标6：观测幼儿图形组合与创造能力，能够在没有提供图案的情况下自己用图形摆成新的物体——对标《指南》科学2-3-3-1	
指标7 能够用语言描述实景中或平面图中物体的空间方位及运动方向	指标7：观测幼儿空间方位的简单运用，要求用基本正确的空间方位词来描述物体之间位置与运动方向——对标《指南》科学2-3-3-2	
指标8 能够示意图或简易地图形式画出小范围（幼儿园与教室、家庭与小区）的空间关系与运动方向	指标8：观测幼儿的空间视觉化能力，要求将感知到空间关系、运动方向用抽象的图来呈现——对标《指南》科学2-3-3-2	

【评估场景：几何空间】

为了进一步加强老师们对 1～8 典型性行为水平的理解，因此提供了观测场景样例，需要注意的是评估场景样例仅做参考，请老师们根据幼儿在区角的表现进行客观记录。

材料准备：几何图形板、七巧板、笔、纸、空间方位图等若干。

评估指标 1：在日常生活中用"上下、前后、里外"等方位词请幼儿做力所能及的事情，如教师："请幼儿把盒子里的东西拿出来放在桌面上"。

评估指标 2、3：通过《神奇的袋子》活动来观察记录幼儿情况，教师将常见的几何图形（圆形、三角形、正方形、长方形）放入袋子里，请幼儿把手伸进袋子中取出图形，并说出图形的名称及其特征，以及对标教室里的物品，如门是长方形的。

评估指标 4：在益智区，教师投放多种形状的三角形（直角三角形、钝角三角形、等腰三角形、等边三角形）和其他各式图形，请幼儿找出所有的三角形。

评估指标 5：在益智区，教师投放多种形状板，并创造情景，请幼儿用形状板拼出常见的图形，如教师："小兔子的屋顶被大风刮走了，请你用图形板给小兔子做一个三角形的屋顶"。

评估指标 6：请幼儿运用七巧板拼出一个物体，如小金鱼、房子等（见图 5-21）。

图 5-21　几何空间指标 6 样例

评估指标 7：请幼儿为新朋友介绍从班级教室到幼儿园门户的路线，如幼儿："走出教室门向右走 10 步，下楼梯到一层，往前走 13 步，在往右一直走就到幼儿园门口了"。

评估指标 8：请幼儿把从班级到幼儿园门口的路线用箭头的方式画出来。

【评估注意事项】

（1）评估指标 1、2、4、7、8 幼儿所有问题的回答需要完全正确。

（2）评估指标 3：能说出一种图形特征即可。

（3）评估指标 5：能用至少两个图形拼出一个完整图形，拼成的图形要在几何意义上规范(如正方形要求四条边相等)。

【教师注意事项】

教师需注意提问方式,避免过度引导。

分类与排序:幼儿在观察的基础上,比较事物的异同,根据物体的特点加以区分与按某种规律排序。具体观察行为描述和特征行为解释如表 5 - 11 所示。

表 5 - 11　M. 分类与排序观测点特征行为描述

观察行为描述	特征行为解释	备注
M. 分类与排序 指标 1　通过感知比较出物体大小、多少、轻重等	指标 1:观测幼儿感知能力,要求结果正确——对标《指南》科学 2 - 2 - 1 - 1	(1) 幼儿对分类排序的认识需要借助区角材料来发展,需要老师提供丰富的活动材料,并且细致的观察
指标 2　能够根据物品外部特征进行分类,并说明分类的理由(大小、颜色、高矮)	指标 2:观测幼儿分类能力,要求根据物体的明显的、外部的特征进行分类,并说出分类的理由	(2) 在小班益智区投放的材料尽可能是某一种物的某一个特征有变化,例如都是碗,如果突出大小不同,则需要保持外形相同
指标 3　根据物品大小、长短、高矮、粗细等规律排序(5个以内)	指标 3:观测幼儿排序能力,要求五个以内物品按照某一种规律能正确排序出来,例如套娃、穿项链	(3) 在中大班投放益智区角材料须有一些幼儿能够记录的材料,帮助幼儿记录过程与结果
指标 4　幼儿会正确使用比较术语,如最、相同、一样多、一个比一个(5个物体)	指标 4:观测幼儿对比较结果的表述,要求用语正确——对标《指南》科学 2 - 2 - 2 - 1	(4) 根据观测的结果显示,小班常在 1～4 区间,中班常在 3～7 区间,大班常在 5～8 区间
指标 5　能够按照事物内部特征(性质、功能)等分类	指标 5:观测幼儿分类能力,要求根据物体某一种内部属性分类,说出分类依据	
指标 6　能够辨认、重复已有的排序并描述出排序的规律(5个以内)	指标 6:观测幼儿排序能力,要求能说出排序的规律,并且将排序按照统一的规律延续下去	
指标 7　能够用符号、或动作图片等创造排序或模式(至少 3 个物)	指标 7:观测幼儿排序能力,要求自己按照一定规则创造排序——对标《指南》科学 2 - 1 - 3 - 1	
指标 8　能够描述出一列排序中存在的关系,如正逆(如从大到小)、传递(如 A＞B,B＞C,则 A＞C)、相对关系(A＞B,则 B＜A)	指标 8:观测幼儿对排序的传递性和可逆性的识别,要求知道排列以及排列物之间的关系,例如 ABCD 四个小朋友是从高到矮排队,A 比 B 高,B 比 C 高,所以 A 比 C 高;A 比 B 高,所以 B 比 A 矮	

【评估场景:分类与排序】

为了进一步加强老师们对 1～8 典型性行为水平的理解,提供了观测场景样例,需要注意的是评估场景样例仅做参考,请老师们根据幼儿在区角的表现进行客观记录。

材料准备：不同大小和重量的物品、套娃、长短不一的吸管、各类交通工具玩具或图片等若干。

评估指标1：请幼儿比一比不同物品，并说出谁大谁小，谁轻谁重。

评估指标2：可在益智区活动结束时观察，让幼儿把材料分类整理好。幼儿能把物品整理好，是建立在外部特征感知上。

评估指标3、4：投放材料套娃，幼儿依次套好即可，并说出最大、最小、不大不小的娃娃，也可以是长短不一的吸管、木棒或大小不一的积木。

评估指标5、6、7：在益智区投放不同种类海陆空的交通工具，请幼儿按照海陆空进行分类；教师出示一组图片"轮船、汽车、飞机、轮船、汽车、飞机"，幼儿从图片筐中选择图片补充后面的图形；教师说："这些交通工具还可以怎么排排队？不能和老师的一样"引导幼儿创造出新的排序，幼儿："飞机、飞机、汽车、飞机、飞机、汽车"。也可使用颜色进行规律游戏（见图5-22）。

图5-22　分类与排序指标6样例

评估指标8：可在幼儿排队中观测，要求幼儿从矮到高或从高到矮排队，并提问"花花比乐乐高，乐乐比月月高，那谁最高？"也可运用益智区现有的玩具进行观察。

【评估注意事项】

（1）评估指标1、4、6、8只评价结果是否正确，不考虑原因分析是否合理。

（2）评估指标2：如果分类的原因明显（大小、颜色、高矮等），观察者可以清楚理解，即不需要幼儿解释分类原因。如观测者不可清楚看出幼儿分类逻辑，可判断幼儿解释是否言之有理，若是，即可。

（3）评估指标5：依照内部特征（性质、功能）进行的分类，若观测者可理解，则无须考察幼儿表达。

（4）评估指标7：如果与老师的排序规律一样，即未达到标准（如老师是ABC重复，幼儿也是ABC），若幼儿是ACB或其他，即达到标准。

【教师注意事项】

教师需注意提问方式,避免过度引导。

分模块二：科学探究

科学探究模块共有3个观测点,分别是物质与自然世界、工具的使用、预测-尝试-结论,以下是对3个观测点的详细描述。

物质与自然世界：指幼儿对生活环境中的生物、物质以及空间的关注,能够发现生活中的科学现象,并有自己的分析能力。具体观察行为描述和特征行为解释如表5-12所示。

表5-12 N.物质与自然世界观测点特征行为描述

观察行为描述	特征行为解释	备注
N. 物质与自然世界 指标1 能说出常见的自然物(至少3种) 指标2 能够说出常见的天气情况(晴天、下雨天、有雾、多云、下雪、打雷等) 指标3 能举例说明或描述天气对生活的影响 指标4 能够描述不同季节的特征 指标5 在幼儿经验范围内,能够说出一种常见的自然现象(早晚影子长中午影子短、下雨后有彩虹)、或物理现象(如冬天脱毛衣有亮光) 指标6 能够说出动植物的特点与天气、周围环境的关系(朝阳的叶子茂盛,阴面叶子稀少) 指标7 能够解释自己发现的自然现象、或物理现象的原因 指标8 能够解释环境与人们生活的关系,并提出保护环境的建议	指标1：观测幼儿对周围事物和现象的识别,要求能说出名称——对标《指南》科学1-1-1-2 指标2：观测幼儿对天气、自然物的识别,要求能说出天气或自然物的名称——对标《指南》科学1-3-1-3 指标3：观测幼儿对气候与生活关系的认识,要求基本正确——对标《指南》科学1-3-1-2 指标4：观测幼儿对季节的认识,要求幼儿能说出某一季节的名称与典型特征(一个即可)——对标《指南》科学1-3-2-1 指标5：观测幼儿对生活中常见自然现象或者物理现象的关注,只要能发现描述出来,不要求解释——对标《指南》科学1-3-2-(1-4) 指标6：观测幼儿对动植物的特点及其与周边环境的关系,如青蛙身体颜色是绿色的,与周边的环境一样,可以保护自己;植物的根是用来吸收水和养分的;兔子后腿长跑得快——对标《指南》科学1-3-3-(1-2) 指标7：观测幼儿对生活中常见自然现象或物理现象的理解,要求能说出原因——对标《指南》科学1-3-3-3 指标8：观测幼儿对人们生活与环境的关注,知道哪些行为是对环境有利的,哪些是不利的——对标《指南》科学1-3-3-5	(1) 物质与自然世界,强调幼儿对周边事物和环境的关注,需要老师更多地与幼儿进行个别化交流,关注每一个孩子的所说、所做 (2) 这一观测点的内容很多需要老师提问、提供材料来引导孩子出现行为 (3) 根据观测的结果,小班常在1～4区间,中班常在3～7区间,大班常在5～8区间

观测场景：主要集中在科学区进行观察,个别观测指标可以在日常生活交流中观测或者其他区角观察,如工具的使用、物质与自然世界。

观测基本条件：

（1）创设科学区，提供自然现象、物理现象图片，并提前准备材料与工具，如光与影、磁力、声音、力，丝绸、麻布、砂纸、光滑的木片、废旧盒子、电池、尺子、吸管，记录纸等。

（2）幼儿科学的学习与发展需要教师在活动区角介绍材料，提出任务要求。

【评估场景：物质与自然世界】

（1）活动描述：考查幼儿对生活环境中的生物、物质以及空间的关注，能够发现生活中的科学现象，并有自己的分析能力。活动分为四部分：在基础活动中，幼儿讲述自己知识经验内的常见自然物和天气；在进阶活动中，幼儿在教师的引导下说出自己熟悉的自然现象及其原因；在拓展活动中，幼儿尝试解释人与自然的联系；补充活动是对其他关键行为指标的测评。通过观察幼儿在活动中的行为表现，考查幼儿相应关键行为的发展水平。

（2）材料准备：符号卡纸、四季图卡、天气图卡、自然现象图片。

（3）活动过程：

评估指标1：小朋友们，你们在动物园能看到什么动物？在上学路上能看到哪些植物呢？（老师对动物、植物交错提问，幼儿说出三个后就提问下一个人）

评估指标2：小朋友，你知道这是什么天气吗？图片里分别是什么天气？有什么样的特点？（幼儿若答错，则再提问，三次机会；每人问题需有区别，尤其是邻近幼儿）

评估指标3：那你能说一下，如果今天下雨/下雪/大雾/大风/打雷的话，你需要做什么呢？/你走在路上会发现什么呢？（适合大雾天提问）/会有什么危险呢？（适合打雷天提问）

评估指标4：老师拿着四季卡片问小朋友，你知道这是什么季节吗？（问三次，若答不上来不继续提问）这个季节和其他三个季节有什么区别呢？（若幼儿不能回答，进行针对提问）那这个季节的天气是冷还是热呢？（适用夏季）/小树是在长大还是落叶呢？（适用春秋）/下雨还是下雪呢？（适用冬季）（答对一个即可）

评估指标5、7：（自然现象图片）小朋友，你知道图片里讲的是什么吗？这些现象发生在什么时候？为什么发生？（每名幼儿讲出一个自然现象即可，若幼儿回答不上来或答错，可继续提问以下问题）

青蛙和蛇在做什么？它们为什么这样？

柳树什么时候发芽？为什么？

春天来了，冬眠的小动物，比如青蛙和蛇，会怎么样？为什么？

蚯蚓在做什么？它为什么这样？

青蛙在做什么？它为什么这样？

什么时候可能会有彩虹？为什么？

　　小朋友,你还知道在生活和大自然中有哪些有趣的现象吗? 为什么会出现这个现象(见图5-23/5-24)? 幼儿回答。

图5-23　物质与自然世界指标5样例1

图5-24　物质与自然世界指标5样例2

　　评估指标6:天气、季节对花草树木和小动物们的生活也会有影响。春天来了,小草小树们会怎么样? 小动物呢? 小朋友们呢? 夏天来了,小草小树们有什么变化? 小动物呢? 小朋友们呢? 秋……冬……

　　评估指标8:人们的活动会影响生活环境,比如抽烟,我们的空气会变得……多种一些小草小树,我们的环境会变得……空气会变得……空气变差了,小朋友们会闻到什么味道? 身体会不会受到影响?

　　请小朋友继续说一说怎样做能让我们的环境变得更好? 怎样做会让我们的环境变得更差呢? 环境对我们的生活会产生什么影响? 为了保护环境,我们可以怎么做?

【评估注意事项】

　　(1)评估指标1:幼儿能说出三种常见的动物或者植物。

　　(2)评估指标2:幼儿在三次机会内能说出对应卡片的天气名称,并回答正确。

　　(3)评估指标3:幼儿能说出天气对生活的影响的一个示例,且合理即可。但有明显事实错误即不达标。

　　(4)评估指标4:幼儿能够说出一个对某季节典型特征的认识,且合理即可。

　　(5)评估指标5:幼儿在三次机会内能认出某一张图片里的事物及行为。

　　(6)评估指标6:幼儿在三次机会内能说出因季节变化导致的植物或动物的变化,言之有理即可。

　　(7)评估指标7:幼儿能解释出现这种现象的原因是什么,要言之有理。

　　(8)评估指标8:由于涉及幼儿认知层面的主观看法,无正误可言,故需将幼儿的观点进行记录,独立处理。

【教师注意事项】

评估指标 1、2、3、4、5、7 幼儿如果回答不上来,需要给幼儿提供三次回答机会,三次问题的提问难度应该一致。

工具的使用:主要指幼儿对生活中工具的使用,借助工具进行观察、测量、操作等为自己的活动服务。具体观察行为描述和特征行为解释如表 5 - 13 所示。

表 5 - 13　P.工具的使用观测点特征行为描述

观察行为描述	特征行为解释	备注
P. 工具的使用 指标 1　在区角中摆弄常见的工具	指标 1:观测幼儿对工具的兴趣和探索行为,有简单的摆弄或提问,没有明显的意图——对标《指南》科学 1 - 2 - 1 - 2	(1) 教师提供丰富多样的工具让幼儿进行探索,并将工具的概念延伸到生活中,让幼儿理解工具与人类生活的关系
指标 2　在区角中探索某种工具的用途	指标 2:观测幼儿对工具的使用,但并没有发挥工具本身的用途,只是一种替代物品	(2) 小班常在 1～5 区间,中班常在 2～7 区间,大班常在 3～8 区间
指标 3　认识常见的工具,知道其用途(至少3种)	指标 3:观测幼儿对工具的识别,知道工具的用途	
指标 4　给出幼儿任务,工具选择不齐全	指标 4:观测幼儿对任务与工具关系的认识	
指标 5　给出幼儿任务,选出合适的工具	指标 5:观测幼儿对任务与工具关系的认识	
指标 6　使用工具支持他的任务,允许任务失败	指标 6:观测幼儿对工具的运用,如测长度的时候会用尺子、吸管等	
指标 7　使用工具解决问题(如使用尺子测量长度后再裁纸),完成任务	指标 7:观测幼儿将工具应用于解决实际问题的能力	
指标 8　描述出工具(科技产品)与日常生活的关系	指标 8:观测幼儿正确对待科技产品,能够发现科技产品既有好的一面,也可能带来负面的作用——对标《指南》科学 1 - 3 - 2 - 5	

观测场景:主要集中在科学区进行观察,个别观测指标可以在日常生活交流中观测或者在其他区角观察。

观测基本条件:

(1) 创设科学区,提供材料与工具,如光与影、磁力、声音、力,丝绸、麻布、砂纸、光滑的木片、废旧盒子、电池、尺子、吸管,记录纸等。

(2) 幼儿科学的学习与发展需要教师在活动区角介绍材料,提出任务要求。

【评估场景:工具的使用】

(1) 活动描述:

从日常生活材料出发,幼儿在活动中利用生活中的常见工具尝试解决活动中的问题。基础活动中在区角摆弄常见工具,认识常见工具,了解工具用途。进阶活动中,认识工具与任务的关系,运用工具。拓展活动中将工具应用于解决实际问题,正确对待科技产品。

(2) 材料准备:

纸张、剪刀、胶水、蜡笔、尺子、橡皮、铅笔、木棍、磁铁、放大镜等。

(3) 活动过程:

评估指标1、2:幼儿玩一个放大镜或者其他工具,问这个是做什么用的(见图5-25),并尝试操作、探索工具。

图5-25 工具的使用指标1、指标2样例

评估指标3:幼儿知道尺子用于测量长度,天平用于测量重量,温度计用于测量体温。

评估指标4:教师提出任务:"好朋友要过生日了,我们给他做一张贺卡,请小朋友想一想你需要什么工具和材料?"幼儿选择纸张、剪刀,缺少胶水。

评估指标5:教师提出任务:"好朋友要过生日了,我们给他做一张贺卡,请小朋友想一想你需要什么工具和材料?"幼儿选择纸张、剪刀、胶水、蜡笔、尺子等。

评估指标6:老师让幼儿用报纸给布娃娃设计衣服,幼儿选择了剪刀、报纸来裁剪,结果粘贴出来衣服小了。

评估指标7:提供给小朋友A4纸、剪刀、橡皮、铅笔、胶水、尺子、木棍、磁铁、放大镜(见图5-26),请小朋友将一张A4纸变成正方形。如使用尺子测量长度后再裁纸,完成任务。

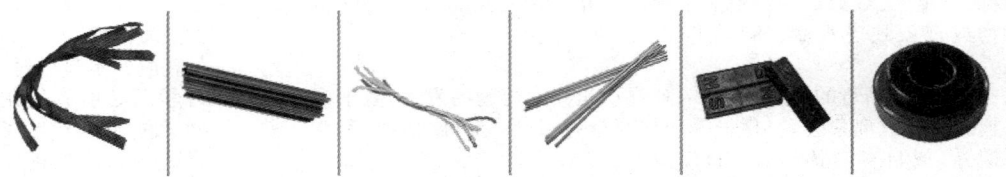

图5-26 工具的使用指标7材料样例

评估指标 8：教师可引导幼儿说出工具的应用。如："在我们的生活中有很多科技产品工具，比如手机，手机可以帮助我们联系爸爸妈妈，但是如果过马路要玩、睡觉也要玩的话会十分危险，对眼睛也不好。电脑也是这样。除了手机和电脑，小朋友们讲一讲其他的科技产品。它和我们的生活有什么关系呢？它能帮助我们做什么？它对我们的生活有哪些不利呢？"

【评估注意事项】

（1）评估指标 4～5：若幼儿选择的工具在一般理解下能够支持达到他的目的，即达到 5；若不能，则为 4。如将瓶中的物体拿起，如果绳子很短，需要两节绳子接起来。

（2）评估指标 6～7：在达到 5 的基础上，若幼儿成功完成任务则到 7，若没有则到 6。

（3）评估指标 8：由于涉及幼儿认知层面的主观看法，无正误可言，故需将幼儿的观点进行记录，独立处理。

【教师注意事项】

（1）评估指标 3，每个幼儿有三次回答机会。

（2）教师应注意问问题时不进行暗示性质的提示，在实验过程中不干预、不演示、不插手幼儿的尝试过程，若幼儿提出问题，教师可鼓励幼儿自行探索。

预测-尝试-结论：主要观测幼儿对生活中的事物、现象表现出的好奇心，并且通过幼儿的动手操作来获取初步的结果。具体观察行为描述和特征行为解释如表 5–14 所示。

观测场景：主要集中在科学区进行观察，个别观测指标可以在日常生活交流中观测或者其他区角观察。

观测基本条件：

（1）创设科学区，提供材料与工具，如光与影、磁力、声音、力、丝绸、麻布、砂纸、光滑的木片、废旧盒子、电池、尺子、吸管，记录纸等。

（2）幼儿科学的学习与发展需要教师在活动区角介绍材料，提出任务要求。

表 5–14　Q.预测-尝试-结论观测点特征行为描述

观察行为描述	特征行为解释	备注
Q. 预测-尝试-结论 指标 1　幼儿对新奇的事物或现象缺乏观察、摆弄等行为 指标 2　遇到新奇的、感兴趣的事物或现象会动手摆弄（或自言自语），发现问题	指标 1：观测幼儿探索的兴趣——对标《指南》科学 1-2-1-1 指标 2：观测幼儿探索行为的发生，要求观察、触摸等动作对待材料——对标《指南》科学 1-2-1-2	（1）幼儿有关实验过程的经验，需要教师提供相应的实验材料、科学用品引起幼儿探索的兴趣，产生探索的行为才能较好地获得信息

（续表）

观察行为描述	特征行为解释	备注
指标 3　对事物或现象进行反复观察或摆弄，明确问题或描述差异（预测） 指标 4　能够通过动手操作或询问老师等方式来解决他的疑问 指标 5　自己运用实验、调查、多种材料来解决或验证他提出的问题（尝试-预测匹配） 指标 6　用图画、符号、图表、数字记录某一尝试的过程或结果 指标 7　通过观察、比较、思考，描述事物的特点或实验前后的变化 指标 8　能够根据尝试、经验、实验记录等对现象进行解释	指标 3：观测幼儿问题发现能力，能用语言提出问题（或发现的现象、结果），不强调一定是用疑问句的形式——对标《指南》科学 1 - 2 - 2 - 1& 1 - 2 - 2 - 2 指标 4：观测幼儿对问题的探索行为，要求幼儿动手操作来寻求结果，结果不重要——对标《指南》科学 1 - 1 - 2 - 1 指标 5：观测幼儿对问题的探索行为，要求幼儿的操作与问题之间是一致的——对标《指南》科学 1 - 1 - 3 - 2 指标 6：观测幼儿对过程的记录，将实验过程中的操作过程与结果记录下来（符号、图标、数字等），可以有成人的帮助——对标《指南》科学 1 - 2 - 2 - 4 指标 7：观测幼儿对过程的思考，将实验过程中的操作、前后的变化用语言描述出来——对标《指南》科学 1 - 2 - 3 - 1 指标 8：观测幼儿对科学结果的推理，要求幼儿对科学现象能够解释原因，例如摩擦起电——对标《指南》科学 1 - 1 - 3 - 2	（2）一个实验不一定需要能够观测到所有的观测点，对于没有观测到的需要在其他活动中观测补充 （3）根据观测的结果，小班常在 1～4 区间，中班常在 3～7 区间，大班常在 3～8 区间

【评估场景：预测-尝试-结论】

1. 活动描述

从日常生活材料出发，幼儿在活动中利用生活中的常见工具尝试解决活动中的问题。活动分为两部分：在活动一中，幼儿探索如何将小黄鸭从塑料瓶中拿出；在活动二中，幼儿在教师的引导下分享自己的实验方法、过程和结果。

2. 材料准备（见图 5-27）

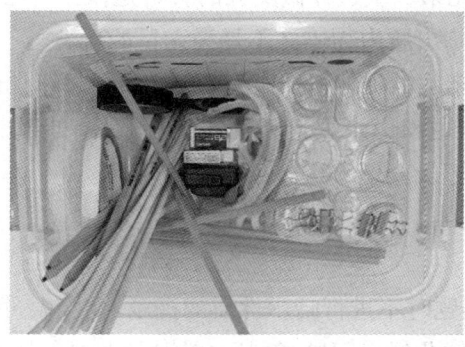

图 5-27　工具的使用材料示意

小号燕尾夹 6 个(扮演小黄鸭),长短不一的丝带和毛线(短的丝带和毛线要小于塑料瓶高度)——至少人手一条;透明塑料瓶 6 个、毛线若干、双面胶和透明胶带各 1 个,木棒若干、记录纸 6 份、笔 6 纸、放大镜 2 个,磁铁(大号磁铁 1 个,小号磁铁 4 个)(上述物品数量按 6 人一组实验配置,可根据幼儿实际分组人数进行调整)。

3. 活动过程

老师事先用胶带固定好塑料瓶使其无法离开桌面,并将燕尾夹放在透明瓶内,幼儿人手一份。教师引导幼儿:"小朋友们,小黄鸭不小心掉瓶子里了,我们的手又不可以伸进瓶子里,瓶子又没有办法倒过来。请小朋友想一想用什么方法能把小黄鸭救出来呢?"并轮流来说一说。

工具的使用指标 1~3:认识工具。教师提供材料与工具(丝带、毛线、木棒、放大镜、磁铁等)提问幼儿每一工具的名称及用途。这是什么? 它可以用来做什么?

工具的使用指标 4~5、预测-尝试-结论 1~2:幼儿选择活动所需工具。教师引导幼儿要把小黄鸭从瓶子里救出来需要用到哪些工具呢?

预测-尝试-结论指标 6:记录活动使用工具和结果。教师发放记录纸。幼儿记录活动结果。重复记录规则。请小朋友们在记录纸上做好记录。引导小朋友们觉得哪些工具能把小黄鸭拿出来,就在它下边记录√,认为不能就记录×。用你选择的工具动手试一试,看它们能不能帮你把小黄鸭拿出来。然后,把你最后救小黄鸭时使用的所有工具都记在纸上。

工具的使用指标 6~7、预测-尝试-结论指标 3~5:幼儿自主实验,若幼儿在实验过程主动提出问题,老师应鼓励幼儿自己进行探索,但不可过分引导。

如幼儿:绳子不够长……老师可回应:那你想一想怎么让绳子变长?

预测-尝试-结论指标 7~8:教师请幼儿分享,说一说你在实验过程中做了哪几种尝试?(鼓励幼儿尝试说出他最初和最后使用的两个方法)这种尝试成功了吗? 为什么?

【评估注意事项】

(1) 评估指标 5:幼儿第一次选择做实验的材料是依据自己在记录纸上勾选出来的材料,并且在用材料尝试拿出瓶内物体而不是漫无目的玩。

(2) 评估指标 6:在老师的提醒下能有意识地在纸上画圈、记录。观察人员判断幼儿在活动过程中发现的问题和记录纸记录的一致性,只有当幼儿在做完实验后出现在纸上进行记录的行为,且记录合理才达标。

【教师注意事项】

(1) 教师应注意问问题时不进行暗示性质的提示,在实验过程中不干预、不演示、不插手幼儿的尝试过程,若幼儿提出问题,教师可鼓励幼儿自行探索。

(2) 评估指标 6,教师只在幼儿开始探索活动前介绍记录方法,即将用过的工具在记录纸上进行标记。当探索活动结束后,只提醒幼儿可以做记录了。如果幼儿不明白记录方法,再对幼儿进行解释,若幼儿没有主动做记录的行为出现,则不再提醒。

四、关键行为:艺术表现

艺术表现:艺术表现既是幼儿的一种精神成长的需要,也是一种没有直接功利性的、以活动过程本身为目的的满足。艺术本身是情感的一种表现形式,但是艺术活动来源于生活,反映了幼儿对周围事物的认识与理解程度,因此将幼儿的艺术表现与幼儿认知发展并放在一个维度,有美术创作、角色扮演两个观测点。

美术创作:美术创作是指幼儿通过美术各类活动表现出来的想象力、创造力、美感体验等。具体观察行为描述和特征行为解释如表5-15所示。

表5-15　D.美术创作观测点特征行为描述

观察行为描述	特征行为解释	备注
D. 美术创作 指标1　面对多种材料,会选择自己喜欢的材料创作 指标2　在涂画中使用线条、形状或符号来创作(成人难识别,但是幼儿有自己的解释) 指标3　能够画出有明显特征的人或物,大致可识别(单一物体的作品) 指标4　将自己想象的、或看到的、或经历的事件等用美术创作的方式表达出来 指标5　在美术创作中能够运用多种方式(画、剪、粘)或多种材料(纸、黏土、绳子等)完成创作 指标6　有意识地布置画面,考虑作品中主要对象、各个事物大小、前后、里外的关系 指标7　创作主题作品,有背景、有主体、有空间关系 指标8　能够解释美术作品特征(造型、色彩、构图、情感),交流自己的感受和理解	指标1:观测幼儿对美术材料的兴趣,要求幼儿能够选出自己要用的材料——对标艺术2-1-1-2 指标2:观测幼儿美术发展能力,允许幼儿使用各种"乱画",只要他的创作是用来表达他的想象——对标《指南》艺术2-1-1-2 指标3:观测幼儿美术发展能力,要求成人可从画面识别幼儿的绘画意图——对标艺术2-2-1-4 指标4:观测幼儿绘画的再现表现,整个画面的表达是幼儿周边人事物,不是零散的无关联的内容——对标《指南》艺术2-2-2-4&2-1-2-2 指标5:观测幼儿美术创作的丰富性,要求幼儿在绘画中能够使用到其他材料来补充、丰富他的表达——对标艺术2-1-3-2 指标6:观测幼儿创造的构图计划,要求有侧重表现的主体,画面与纸张大小合适,有空间关系感 指标7:观测幼儿美术创作的丰富性与完整性,如一幅再现车辆交通的作品中,警察、行人、乘客等与街景中的红绿灯、道路融为一体 指标8:观测幼儿美术评价能力,要求能够说出画面所传递的内容及情感等,或者说出自己创造的意图,如何通过形象、构图、线条、色彩等体现这种想法——对标《指南》艺术1-2-3-2	(1)美工区创设需要的材料比较多,各种美术纸与颜料、各种橡皮泥,辅助材料剪刀等;教师还需要收集生活废旧材料如纸杯、蛋糕盘、瓶子等,为幼儿美术创作提供条件 (2)从简单创作到主题创作,再到美术欣赏与评价,逐渐需要老师深入的、仔细地观察与提示 (3)根据观测的结果,小班常在1~5区间,中班常在4~7区间,大班常在4~8区间

观测场景：创设美工区，提供材料支持幼儿的美术活动。

观测基本条件：

幼儿在美工区活动，观测幼儿创作过程与作品，可以适当地提问。例如，蜡笔、水彩笔、超轻黏土、卷纸、纸盒等，以及剪刀与各种美术纸张、笔等。

【评估场景：美术创作】

评估指标1：在美工区提供多种材料，如蜡笔、水彩笔、彩纸、剪刀、超轻黏土。幼儿表现出对美术材料的兴趣，能够选出自己要用的材料进行创作。

评估指标2：幼儿在涂画中使用线条、形状或符号来创作，成人无法进行识别。如图5-28所示。

图5-28 美术创作指标2样例

评估指标3：教师可识别出来的眼睛，可从画面识别幼儿的绘画意图，如图5-29所示。

评估指标4：幼儿能够将自己想象的或看到的场景进行创作，如图5-30所示。

图5-29 美术创作指标3样例

图5-30 美术创作指标4样例

评估指标5：幼儿采用多种材料进行创作，如图5-31所示。

评估指标6、7：幼儿有意识地布置画面，考虑作品中主要对象、各个事物大小、前后、里外的关系创作主题作品，有背景、主体、空间之间的关系，如图5－32所示。

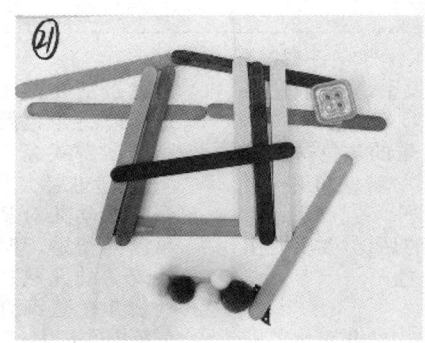

图5－31　美术创作指标5样例　　　图5－32　美术创作指标6、指标7样例

评估指标8：幼儿美术评价能力，能够说出画面所传递的内容及情感等，或者说出自己创造的意图，如何通过形象、构图、线条、色彩等体现这种想法。

【评估注意事项】

（1）评估指标2：若不可辨别，听幼儿进行解释，若解释合理，可达到标准。

（2）评估指标3：能看出画的是什么，即轮廓较形象，涂色较合理，看出明显特征。

（3）评估指标4：画面的物体之间有关联，不是零散、无关的内容。

（4）评估指标5：在老师提醒后或自发能运用第二种材料在画纸上作画、填充。

（5）评估指标6：能充分考虑空间关系，如前后的遮挡关系、上下关系，布置画面合理，构图和谐。

（6）评估指标7：创作主题作品，要求布局和谐，主题明确，内容丰富没有突兀的部分。

（7）评估指标8：能说出作品中的造型、色彩、构图和情感（一个即可）。如答案与这四部分内容不相关，即不达标。

【教师注意事项】

在观察评估指标2时，教师在看到幼儿的绘画内容不能辨认出是什么的时候，及时询问幼儿想画的是什么？画面里有什么？之后在画上做标记，表示幼儿是否说出原因。

在幼儿进行美术创作中，教师需要注意提供丰富的作画材料，中途不干扰幼儿的作画过程，直至幼儿已完成作品。

角色扮演：通过想象，创造性地模仿角色，既包括社会角色，也包括故事/剧本中的角色，反映幼儿对某一角色的塑造、角色关系及对规则理解的能力。具体观察行为描述和特征行为解释如表 5‑16 所示。

表 5‑16　J. 角色扮演观测点特征行为描述

观察行为描述	特征行为解释	备注
J. 角色扮演 指标 1　用语言说出自己要扮演的角色 指标 2　尝试用肢体和表情、语言和声音之一表现角色典型特征 指标 3　能够使用语言、动作、表情、道具两个以上的方式来表现某一角色 指标 4　在一场表演中，幼儿的扮演能够符合该角色的行为、语言、表情 指标 5　在一场表演中，幼儿的动作与扮演，与同伴的表演能够较好地配合起来 指标 6　与同伴讨论、选择道具、查找资料、练习等方式来提高角色塑造 指标 7　能够从选择合适故事/剧本，角色分工、制作道具、多次排练、演出等完成一段故事/剧本表演 指标 8　能够在角色扮演改变原有剧本/情节，增加自己的想法	指标 1：观测表演行为的动作发生，只要表达出意愿即可 指标 2：观测幼儿进行自娱自乐的角色扮演探索，要求扮演角色的特征突出，一看就知道——对标《指南》艺术 2‑2‑1‑3 指标 3：观测幼儿对角色行为的认识，要求能用两个以上的方式来塑造某一角色 指标 4：观测在一个故事/剧本中幼儿对角色的表现力，从多个方面去表现该角色 指标 5：观测幼儿基于故事/剧本的多角色合作的能力，要求幼儿为了完成表演能够与他人配合。例如：萌萌扮演小红帽，他的语言能与狼的扮演者进行配合，无不知所措或者断断续续的表现——对标《指南》艺术 2‑1‑3‑3 指标 6：观测幼儿对角色的理解及角色塑造的方法与策略，要求幼儿能够讨论对某个角色的理解，将故事/剧本中角色塑造得更精准。 指标 7：观测幼儿对故事/剧本的理解能力与表现能力，要求以幼儿为主的、完整的表现故事/剧本——对标《指南》艺术 2‑2‑3‑3 指标 8：观测幼儿对故事/剧本的理解与创作，要求能做出超越文本的创造，加入或改编情节，有主题、完整，表现力强。（也包括无现成台词，从社会角色中选择事件自编自演）——对标《指南》艺术 2‑2‑3‑3	（1）角色扮演在操作性定义时将角色游戏和表演游戏综合在一起，递进层次上强调的是幼儿对某一角色的塑造、理解，体现从幼儿熟悉的社会角色逐渐到角色范围的扩大（现实世界的、故事世界的角色） （2）幼儿的角色扮演，不管是社会角色还是故事/戏剧角色表演，都不要变成老师教幼儿演的方式。教师的作用体现在，为幼儿提供材料支持、经验支持、场地时间支持，以及平行身份加入讨论 （3）根据观测的结果，小班常在 1～6 区间，中班常在 3～7 区间，大班常在 4～8 区间。

观测场景：创设角色区、表演区，提供材料支持幼儿的美术活动。

观测基本条件：

在角色区与表演区，需要教师适时、恰当的引导，使得观测行为发生，也是提供幼儿表演水平的过程。例如图书、服饰道具、手偶、乐器等。

【评估场景：角色扮演】

（1）活动描述：

故事背景：今天是狗警长的生日，猪哥哥与羊妹妹要穿过一片森林去狗警长家给狗警长过生日。猪哥哥给狗警长准备了一双非常帅气的靴子，羊妹妹给狗警长准备了一顶非常威风的帽子。森林里面住着大灰狼一家,狼爸爸、狼妈妈、狼姐姐、狼弟弟。他们经常埋伏在森林里面等待着小动物们的经过。猪哥哥和羊妹妹一不小心走进了大灰狼的圈套里面,大灰狼从四周扑了出来,羊妹妹吓得哭了起来。正当四只大灰狼扑向猪哥哥和羊妹妹时,猪哥哥想到了一个好办法,猪哥哥去引开大灰狼,羊妹妹去找狗警长。猪哥哥带着羊妹妹冲出了大灰狼的包围圈,分散跑开,猪哥哥把大灰狼引到了前面的沼泽地。大灰狼扑通通地掉到了沼泽地里面。羊妹妹去找到了狗警长。

活动分为三部分:在基础活动中,幼儿分工进行初次表演;在进阶活动中,幼儿通过小组讨论、丰富道具等方式对演出进行完善;在拓展活动中,幼儿尝试自己创编故事结局。幼儿在的角色游戏过程中,通过观察幼儿在活动中的行为表现,考察幼儿角色扮演能力的发展水平。

(2)材料准备:动物头套猪哥哥、羊妹妹、大灰狼一家四口、狗警长、陷阱垫子、森林装饰、礼物等。

(3)活动过程:

评估指标1:协调角色分配,分发道具,教师退场。现在请小朋友们合作表演故事。先听一遍故事。谁想扮演小猪、小羊和大灰狼?(协调角色分配后,老师退场)

评估指标2~5:幼儿自主表演。图5-33为现场表演活动。

图5-33 幼儿角色扮演活动

评估指标6~7:说一说怎么可以让表演变得更有趣呢?(利用道具、翻阅绘本、小组讨论……)完善演出进行第二轮表演。

评估指标8:请小朋友们集体讨论一下,你们觉得故事还会有怎样的结局?继续下去会是什么样的?请小朋友们通过表演来:"讲述"后续故事,再建议幼儿自己组织扮演创编后的故事。

【评估注意事项】

(1)评估指标1:只要能说出自己想演什么角色即可。

（2）评估指标 2：在自由表演尝试中，只要用一种表演方式表现扮演的角色即达标，如动作、语言、表情、声音。

（3）评估指标 3：幼儿用了两种表演方式表演扮演的角色。

（4）评估指标 4：扮演角色时，能根据剧情塑造人物。

（5）评估指标 5：与同伴有适当的配合，能回应同伴的表演。

（6）评估指标 6：只要满足以下内容之一即可：能在忘记剧情时主动再翻绘本故事；能找更多的道具衬托自己的角色；能问老师一些故事细节、人物特点等的问题。

（7）评估指标 7：能表现一出戏，不需剧本情节十分完整，但要求至少有故事的起因、经过和结果。

（8）评估指标 8：幼儿个体能回应老师的建议，尽管没有全体参加，部分同学加入表演，有上次表演结果的发展和延伸，这些同学即达标（回答 + 表演）。

【教师注意事项】

角色区内不设置桌子，只有地毯，有宽阔的活动场地。

教师除基础语言介绍外不干预幼儿活动，不参与表演。

观察评估指标 1 时，教师准备角色数量和幼儿数一致，确保幼儿都分到角色，不管是主动还是被动。介绍这里有为大家准备的材料，大家可以挑选。

观察评估指标 2 时，在幼儿因为材料遇到冲突时，轻声调节两人的矛盾，不打扰其他人的表演。

在测评指标 6 时，幼儿在表演上没有突破或更多尝试的时候，教师出声提醒幼儿借助材料，讨论更好地塑造方法。

第三节　社会情感维度

社会情感发展，是指幼儿表达自己情感的方式以及在处理自己与他人在社会性交往上的行为，对应《幼儿园教育指导纲要（试行）》中的社会领域。长期以来，幼儿的社会性发展强调道德品质的培养，而忽视了幼儿处理自己与周边交往对象的行为表征，因此幼儿社会性培养很难贴近幼儿生活，也使得内容难以具象化。

幼儿社会性内容很多，我们选择幼儿情感表达、人际交往两大关键行为作为观测内容。

一、关键行为：情感表达

情感表达：指幼儿对外在事件、人物、物品的一种情感反应，通过动作、表情、语言等方式来展示。情感表达无好坏之分，只是每一位个体表达方式的不同，有反应比较激烈的,也有比较温和的;有善于非言语表示的,也有善于语言表达的。具体观察行为描述和特征行为解释如表5-17所示。

表5-17 Q.情感表达观测点特征行为描述

观察行为描述	特征行为解释	备注
Q. 情感表达 指标1 当他人做鬼脸或者微笑时,幼儿能够回应 指标2 能够与他人身体接触来表达情感 指标3 在老师提醒下,能够从游戏、运动等兴奋状态中安静下来(或者从大笑、嬉闹中安静下来) 指标4 能够用语言说出自己此时的情绪 指标5 能够表达自己高兴或难过背后的原因 指标6 幼儿伤心、难过、兴奋等的情绪不会持续超过5分钟 指标7 能够根据他人的情绪,或者所处的场所来调整自己的情绪 指标8 在令人不愉快的情况下,幼儿也能保持平静	指标1:观测幼儿情感表达方式,只要幼儿用眼睛看、追随、哭等来表示他的情感 指标2:观测幼儿情感表达方式,要求有直接的身体接触,例如拽衣服、拉手 指标3:观测幼儿情感转换,在成人的提醒下能够从一种情绪转入另一种情绪 指标4:观测幼儿情感表达的能力,要求幼儿能用语言描述自己的近期(此时、今天)的情感 指标5:观测幼儿情感产生的原因,要求幼儿意识到且能说出情绪产生的原因——对标《指南》健康1-2-3-1 指标6:观测幼儿对情绪转化与控制能力,能够较快地从一种消极情绪中转化出来——对标《指南》健康1-2-2-1 指标7:观测幼儿情感表达的场景性,要求幼儿在生气、激怒等情绪的表达与场景一致,例如在集体中不哭,选择静静的待着——对标《指南》健康1-2-3-3 指标8:观测幼儿情绪控制能力,要求能够保持自己的情绪不受外部影响	(1) 情感表达是一个自然的过程,反映了幼儿对外界环境的一个反应状态,因此,可以在任何一个区角进行观测。只要外界的刺激引起幼儿行为的反应 (2) 区角进行情感表达的观察,请不要进行相应的教学或指导。情感表达方式无好坏之分,只要不对自己/他人产生伤害,所以尽量改变原有的道德判断,尊重幼儿现实表现 (3) 情感表达的个体差异大,不做年龄阶段的预测

观测场景:情感表达的行为发生在幼儿一日生活中,不限制区角与活动环节。

观测基本条件:教师根据幼儿的平时的表现进行记录。

情感表达部分的评估需要评估人员结合幼儿在日常生活中的表现,做出相应评估。该部分需要较长观察时期,因此,该评估场景样例仅做参考,请老师们根据幼儿在区角的表现进行客观记录。

【评估场景:情感表达】

评估指标1:每天早上到园时,晨检老师都会微笑的欢迎小朋友,小朋友们也会微信点头,或大声地说"老师,早上好!"

评估指标2:萌萌刚刚上幼儿园的那段时间,每天都拉着保育老师的衣角或要老师抱。

评估指标 3：每次讲故事的时候，小朋友都特别活跃，都要老师提醒才能重新保持安静。

评估指标 4～5：今天，萌萌从早上到幼儿园一直到下午即将放学，都是笑嘻嘻的，老师问她"萌萌，你今天一整天都笑嘻嘻的，能告诉老师为什么吗？"萌萌回答"老师，今天我妈妈从外地出差回来了，所以我特别高兴"。

评估指标 6：上手工课的时候，萌萌忘记带蜡笔了，哭得很伤心，甜甜将自己的蜡笔和萌萌一起共用，萌萌很快就开心地笑了。

评估指标 7：每次在阅读教室看书时，小朋友都能很好地保持安静。

评估指标 8：萌萌在认真地画画，甜甜想萌萌和她一起做手工，因此过来找萌萌，萌萌很直接拒绝了她，甜甜继续打扰萌萌，萌萌的表情越来越不好看，有几次都握着小拳头又放开，最后只好对甜甜说"我们可以自己玩自己的活动，你不能来打扰我，我们可以下次一起玩手工，这次我已经开始画画了。"

二、关键行为：人际交往

人际交往：是指幼儿在生活、学习中与他人的接触与交往，主要有两大类人员，教师和同伴，因此，本关键行为下有与同伴交往、与成人交往、冲突解决 3 个观测点。幼儿从自然人过渡到社会人，逐渐习得社会规则，内化为自己行为的过程。具体观察行为描述和特征行为解释如表 5－18 所示。

表 5－18　R.与同伴交往观测点特征行为描述

观察行为描述	特征行为解释	备注
R. 与同伴交往 指标 1　幼儿只是在同伴旁边看着，无交流 指标 2　通过表情（微笑）、动作，或者某一玩具、食物表达加入游戏的愿望 指标 3　与同伴一起玩，伴随因玩具引起的语言交流 指标 4　通过语言请求、自我介绍等方式邀请同伴加入自己的活动/加入同伴活动 指标 5　明显地表示出对一个或几个朋友的喜欢	指标 1：观测幼儿同伴交往的愿望，幼儿身边有其他同伴，他们之间没有交流 指标 2：观测幼儿同伴交往的发起，要求幼儿用某一方式吸引同伴注意，不要求其他同伴一定要回应——对标《指南》社会 1－2－1－1 指标 3：观测幼儿同伴交往的行为，要求幼儿与同伴共玩相同或相似的玩具，有语言的交流 指标 4：观测幼儿同伴交往的发起，先发起来邀请他人——对标《指南》社会 1－2－3－1 指标 5：观测幼儿同伴交往的对象偏好，要求对几个朋友或玩伴表现出亲密、依赖或喜欢——对标《指南》社会 1－1－3－1	（1）同伴交往可以在任何一个区角进行观测，只有幼儿与同伴发生了交往行为就可以观测与记录 （2）本观测点下同伴交往主要是从幼儿活动的社会性程度来设置的，从独自活动要主动吸引他人注意，再到加入他人活动，以及在活动中的交流、讨论等

（续表）

观察行为描述	特征行为解释	备注
指标6　能够与两个或以上的同伴一起玩，在游戏中说出自己的想法，或接纳别人的意见	指标6：观测幼儿同伴交往的深入，能提意见或是接纳他人合理意见——对标《指南》社会1-2-3-4&1-3-3-5	（3）根据观测的结果显示，小班常在1～6区间，中班常在3～7区间，大班常在4～8区间
指标7　能够与同伴围绕一个话题进行多次	指标7：观测幼儿同伴交谈的持续性，要求能与同伴围绕同一主题进行多个来回的交谈。	
指标8　用过去分享过的事情，发起与同伴的交往	指标8：观测幼儿发起交往的策略，用大家共有的经验引起他人交往——对标《指南》社会1-2-3-1	

观测场景：人际交往的行为发生在幼儿一日生活中，不限制区角与活动环节。

观测基本条件：幼儿发生了人际交往就可以记录，如果在这一段时间内没有则根据孩子已有表现进行记录。

与同伴交往：指幼儿与幼儿园同伴在活动中的语言的以及非语言的交流。

【评估场景：与同伴交往】

与同伴交往部分的评估需要评估人员结合幼儿在日常生活中的表现，做出相应评估。该部分需要较长观察时期，因此，该评估场景样例仅做参考，请老师们根据幼儿在区角的表现进行客观记录。

评估指标1：教师在区角活动中自然的观测幼儿与同伴的交往。

评估指标2、4：萌萌抱着皮球在旁边注视着其他几个小朋友玩追皮球的游戏，萌萌跑过去对她们微笑，并将自己手里的皮球拿出来，说"我也想和你们一起玩追皮球"。

评估指标3～6：在区角活动开始之前，萌萌就开始找她的好朋友甜甜和月月，"甜甜、月月，今天我们一起在建构区搭城堡怎么样？我们一起做一个最漂亮的城堡吧。"在建构区里，萌萌对甜甜说"这里可以再搭一块积木"，甜甜说"那我要搭一块黄色的积木"，月月说"可以我认为蓝色的积木比较好看"，甜甜说"那可以先放蓝色的，后面再试试黄色的，看哪个好看就选哪个颜色。"

评估指标7：在美工区，萌萌和几个小朋友一边画"海底世界"，一边在讨论"海底世界都有些什么？"

评估指标8：第一天，萌萌和甜甜在讨论晚上要吃什么好吃的，甜甜告诉萌萌她妈妈晚上要做特别好吃的东西给她；第二天，萌萌问甜甜"你昨天说你妈妈要做好吃的给你，你知道吗？我妈妈今天也要给我做好吃的，她说……"

与成人交往：主要指幼儿与教师的交往方式、交往内容和交往关系。具体观察行为描述和特征行为解释如表5-19所示。

表 5-19　T. 与成人交往观测点特征行为描述

观察行为描述	特征行为解释	备注
T. 与成人交往 指标1：幼儿用表情、动作表达与老师交往的意愿，不使用语言	指标1：观测幼儿成人交往的对象，要点是幼儿在班级有较信任的交往对象	(1) 与成人交往可以在任何一个区角进行观测，只要幼儿与教师发生了交往行为就可以观测与记录
指标2：只对某一位老师表达交往愿意，表现为粘着、跟随	指标2：观测幼儿成人交往的对象，要点是幼儿在班级有较信任的交往对象，可以短暂离开信任对象活动——对标《指南》社会1-1-1-2	(2) 与成人交往的观测点指标是从幼儿社会性交往的对象，交往内容来呈现指标的进阶
指标3：幼儿服从教师提出的指令，但是没有表达自己想法	指标3：观测幼儿与成人交往的关系，幼儿与教师的交往仅限于服从命令	(3) 根据观测的结果显示，小班常在1～5区间，中班常在3～7区间，大班常在4～8区间
指标4：用简单词汇、句子向成人表达一起活动游戏的意愿	指标4：观测幼儿与成人交往的方式，要点是用语言表达自己的要求（生理性或者活动性的）	
指标5：幼儿与老师进行日常生活对话（至少两轮及以上对话）	指标5：观测幼儿与成人交往的内容，要求是带有主题性的、能够有来回地对话	
指标6：邀请老师参与活动，并在活动中给老师分配角色或任务	指标6：观测幼儿与成人交往的关系，要求是幼儿向成人发起邀请，并且成人的身份只是一个参与者，幼儿是计划者、主导者，一起实现幼儿心中设想好的目标，或引导成人参与一个复杂的角色扮演游戏	
指标7：与成人讨论幼儿园活动或近期有关的话题	指标7：观测幼儿与成人交往的内容，要求提出的问题是最近活动、最近事件，话题集中	
指标8：与老师的讨论超越了小组活动或班级活动，在更广的范围交流	指标8：观测幼儿与成人交往的范围，要求话题超出近期活动，有持续性讨论交谈的过程，不在乎讨论的结果——对标《指南》社会1-1-3-3	

【评估场景：与成人交往】

在与成人交往方面的评估需要评估人员结合幼儿在日常生活中的表现，做出相应评估。该部分需要较长观察时期，因此，该评估场景样例仅做参考，请老师们根据幼儿在区角的表现进行客观记录。

评估指标1～2：萌萌刚刚入园的时候总跟着保育员王老师，王老师在哪里，她就跟到哪里，即使是在玩玩具，也要时不时回头看看保育员王老师在不在边上。

评估指标3：教师根据幼儿平时的表现进行记录。

评估指标4～6：区角游戏活动期间，所有小朋友都告诉老师自己要在什么区角玩耍，萌萌选择了自然区，她给老师提出想和老师一起去给植物浇水。在菜地里，萌萌安排老师给高的地方的植物浇水，自己给低的植物浇水，在西红柿地里，萌萌看见有的西红柿叶子黄了，卷了，就问老师，"老师，这些西红柿死了吗？""萌萌，你为什么觉得它死了呢?""因为这些叶子都变黄了""那你看看它其他的地方是什么样子的?"

评估指标 7:近期幼儿园举办了"我和水稻的约会"种植活动,小朋友们在活动结束后和老师分享了自己在活动中学到的知识,知道了什么是水稻、种植秧苗需要什么、怎么种植秧苗等知识。

评估指标 8:萌萌近期对"生与死"特别感兴趣,向老师提出问题"什么是活着? 什么又是死了呢?"围绕着这个话题与老师进行了多次的讨论,有植物的生死、动物的生死以及人的生死等话题。

冲突解决:指幼儿与同伴之间由于玩具、活动、语言等不相容而产生的紧张状态下的解决方法与程度。具体观察行为描述和特征行为解释如表 5-20 所示。

表 5-20　T.冲突解决观测点特征行为描述

观察行为描述	特征行为解释	备注
T. 冲突解决 指标 1:在冲突的场景中,幼儿不理会冲突,继续做自己的事 指标 2:经常主动挑起冲突,但冲突发生却无法解决 指标 3:在冲突情况下,幼儿有自己特定的解决方法,不管是哭闹、攻击、寻求解决等办法 指标 4:在成人支持下,幼儿自己提出解决冲突的方法 指标 5:在没有成人的帮助下,幼儿通过与其他同伴协商解决冲突 指标 6:幼儿能够在其他幼儿的冲突中起到调解的作用 指标 7:在解决冲突的过程中,说出自己的想法,也能接受别人和自己不一样的想法 指标 8:能够预期冲突解决方法是否奏效,并解释原因	指标 1:观测幼儿对冲突的识别,要点是幼儿无视冲突,面对冲突无反应 指标 2:观测幼儿冲突的发起,幼儿是发起者,不强调结果的解决 指标 3:观测幼儿解决冲突的方式,幼儿按照自己固有方式表达,不考虑方法、效果 指标 4:观测幼儿解决冲突的方式,要点是外部支持下提出解决办法,至于办法的效果不做观测要求——对标《指南》社会 1-2-2-3 指标 5:观测幼儿解决冲突的方式,要点是自己提出的或者是接受一个大家认可的解决的方法——对标《指南》社会 1-2-3-3 指标 6:观测幼儿在他人冲突中的角色,要点是能够调节他人冲突,起到组织作用 指标 7:观测幼儿观点表达与接纳的能力,会主动说出自己的观点,也能理解他人的想法——对标《指南》社会 1-2-3-4 指标 8:观测幼儿对冲突解决方案的评价,要点是幼儿能够对不同方案进行预测、判断与解释	(1)冲突解决可以在任何区角、户外、日常生活中观察,只要幼儿同伴间发生冲突就可以观测与记录 (2)冲突解决的观察指标是居于幼儿卷入冲突解决中的程度与解决方式来设计,观测的重点是幼儿如何解决冲突 (3)面对幼儿发生冲突,在不对幼儿自身及他人造成伤害的情况下,教师不要着急去解决,请在旁边观测。幼儿有解决冲突的需要,也有他们解决冲突的方法,这是他们一个社会学习的过程 (4)根据观测的结果显示,小班常在 1~5 区间,中班常在 3~7 区间,大班常在 3~8 区间

冲突解决部分的评估需要评估人员结合幼儿在日常生活中的表现,做出相应评估。该部分需要较长观察时期,因此,该评估场景样例仅做参考,请老师们根据幼儿在区角的表现进行客观记录。

【评估场景：冲突解决】

评估指标1~3：老师可以根据幼儿平时的表现进行记录。

评估指标4~5：在益智区，萌萌和甜甜在玩自己的玩具，萌萌想玩甜甜的，伸手就抢过来，甜甜让萌萌还给她，但萌萌自己玩自己的，不理甜甜，甜甜生气的直接推了下萌萌，并把所有的玩具拿走了，萌萌自己没法解决，就跑去找老师，"老师，甜甜刚刚推我，还抢走所有玩具。"老师将萌萌和甜甜喊到跟前对她们说"你们俩都喜欢玩这个玩具，可这个玩具只有一个怎么办呢？你们想想办法。"

评估指标6：幼儿在表演活动期间，由于只有一个公主皇冠，甜甜和月月都想要，两个孩子很快就争抢起来，萌萌说"你们可以轮流一个人当一次公主啊！"

评估指标7：《制作预约卡风波》，萌萌和几个小朋友在制作理发店的预约卡，几个小朋友的想法意见不一致，大家认为自己的才是最好看，最棒的预约卡，旁边的甜甜看见了说"你们这样也解决不了问题，大家可以通过投票决定，但不能投自己"，最后几个小朋友通过投票决定选萌萌的预约卡。

评估指标8：美术活动期间，萌萌和几个小朋友一起画苹果树，但是蜡笔盒里面只有一支红色的蜡笔，这时候月月说"我们6个小朋友，只有一支红色蜡笔，肯定不够"，甜甜说"那我们等一下轮流使用"，萌萌说"不行，轮流使用，我们画画的时间都不够了，我们找其他组的小朋友借一下"。

📖 思考与练习

1. 请思考语言发展的两个观测点主要在什么区角或场景中进行观测？观测的基本条件是什么？为了促进幼儿的语言发展，我们在幼儿园可以开展哪些活动？

2. 发起活动与专注这个观察点下的8级进阶式行为水平的典型性行为描述是哪些？

3. 在进行幼儿发展评估中"数的认知"观测点时，教师需要注意什么？

📷 本章个人学习总结

1. 在本章中，详细讲解了幼儿发展评估体系的框架，请你列出来（细化到20个观测点分别有哪些）。

_____

_____

_____

2. 本章进行了20项核心能力（观测点）的详细介绍，关于本章探讨的内容，你还有哪观测点的典型性行为描述有疑惑？

第六章　幼儿发展评估结果的应用

引　言

　　幼儿发展评估量表不仅用于观察和评估幼儿的发展水平,而且还可作为幼儿教师指导幼儿课程。在班级活动的自然状态下,观察与记录幼儿活动情况的工具。幼儿发展评估的目的也不仅是对现有幼儿发展水平进行评判,更重要的是要基于评估结果发现教育的着力点,让幼儿的成长看得见。幼儿教师可根据对幼儿评估的结果,改进环境创设、提供合适的材料和教师指导,为每一个孩子提供适宜的活动,促进幼儿富有个性地发展。观察评价幼儿是教师的基本能力之一,是教师专业化发展的路径。观察评估结果也构架起家园沟通的桥梁,指导家庭教育和亲子活动进行针对性选择,让幼儿的发展看得见。

学习目标

1. 形成运用幼儿观察结果的意识。
2. 了解幼儿观察评价结果的几种运用场景。
3. 熟悉每一种运用场景中的原理及操作方式。

第一节　幼儿发展评估结果对区角环境的改善

　　在区角游戏中幼儿的发展必须要依赖游戏材料、游戏空间等区角环境,区角环境是区角游戏最基础的保障。同时幼儿和区角环境的互动对幼儿的发展十分关键,这就决定了教师如何为幼儿提供更易于其与之互动和联系的材料,帮助幼儿进行自我经验、自我支持、自我想象、调动起空间的互动活动。观察时需要幼儿与区角环境的充分互动,才能更准确地记录下幼儿发展情况;观察后更是可以依据对幼儿观察的结果,改善区角环境,帮助幼儿获得进一步的发展。总之当教师观察不出幼儿更高的发展水平,或者幼儿的发展达不到更高的水平时,教师就可以对区角环境进行进一步的反思。

一、区角材料之间的联结

教师不能孤立的投放区角材料,而应投放有联系、可操作的材料。其中瑞吉欧教育模式中的材料投放就非常值得参考,在采用瑞吉欧教育模式的班级里,教师不再孤立地投放材料,相反,他们会仔细思考材料与幼儿之间的关系,以及这种关系如何使活动变得更有意义。

如图6-1所示的某幼儿园建构区,其中的材料就与我们印象中常见的建构区材料不太一样,我们常见的建构区材料主要会包含各种型号及材质的积木和木板,又或是各种拼插玩具,而我们可以在这个建构区中看到有积木、轨道、纸板、瓶子、花草、标志等多种材料,幼儿将瓶子、土和花草结合做成道路旁边的绿化植物,将轨道、纸板、泡沫板等做成不同的道路,将积木做成路边的房子。因此在这个区角中,各材料之间可以有效地进行联结,帮助幼儿进行深度游戏。

图6-1　建构区区角

而图6-2中科学区的材料之间的联结则不多,其中有地球仪、放大镜、磁铁、成品科学套装玩具等材料。这些材料看上去很多,实际上材料之间的关联性和实操性并不强,比如放大镜和磁铁之间并没有相关的联动,而剩下的成品科学套装玩具更像是一场"科学秀",并不能真正的帮助孩子进行有效的探索。

图6-2 科学区区角

二、区角材料与幼儿之间的联结

区角投放材料要注重材料与幼儿之间的联结。这是因为幼儿带着他们已有知识和经验前来探究材料,随着幼儿的理解能力的提高,新的方向和新的可能性便出现了。当新的方向和新的可能出现时,教师需要发挥支架作用,及时调整材料促进幼儿进一步发展。

例如建构区,常见的基本材料为不同形状的积木。建构区涉及概念与知识有数学、物理等,幼儿在完成构建活动时可能会用到形状、排序、杠杆等知识和方法。如搭建一座房屋会涉及如何构建稳固的墙底,找准墙体的支点等问题;同时还需注意墙体的厚度、受力面积及搭建高度等;盖房顶时则需注意选用不同几何形状的积木,以使房屋更加逼真。幼儿基于已有经验,通过与材料的互动,完成作品,并在解决问题中提升认识,完成操作过程。绝大多数幼儿园的建构区都是这样组织游戏活动,但是接下来做什么才能够促进幼儿进一步的发展呢?

在作品完成后,首先,我们可以投放拓展性的材料如建筑类的图书与照片、不同结构的图片、尺子、纸、笔、人物或动物模型(根据建构主题来提供)、卡片、便利贴等;其次,我们还可以往新的方向引导幼儿,比如在原有主题上丰富与拓展建构游戏,或进行区域活动的联动、与主题与最近话题的联结,以及小组的项目合作学习,如共同探究新的建构方案,延伸出幼儿的桥梁主题的社会学习探究项目等;最后,教师可以根据观察到的情境优化指导策略。如教师观察到幼儿A的建构作品,被幼儿B撞倒,幼儿A很生气;或观察到幼儿C每天重复性搭建内容;幼儿D总喜欢参与积木建构;教师打开所有的感官观察幼儿的游戏,发现幼儿正在做什么,决定何时参与,用什么方式参与。当幼儿进入游戏出现困难时,当必要的游戏秩序受到威胁时,当幼儿对游戏失去兴趣或准备放弃时,在游戏内容发展方面发生困难时、游戏中出现消极内容时基于观察,再选择说明、直接示范、建议、评论、角色补充、提问、游戏伙伴、角色进入等适合于当前情形下的指导策略进行干预。

教师可以通过建构区的建构活动观察到幼儿预测-尝试-结论、策略能力、发起活动与专注、回顾等多方面的能力发展情况。在一次建构区活动中一名幼儿根据自己的经验和想法,将小汽车放在建构区外的一处斜坡进行游戏,开始探索在斜坡情况下小汽车的行驶状态。根据这个例子中教师观察到的幼儿这一行为,教师可以反思怎样通过改善建构区的区角环境促进幼儿进一步的发展。比如可以投放不同长度、不同光滑程度的长板,以及不同重量、不同形态的车辆模型,让幼儿进行进一步的探索,从而发展更高的预测-尝试-结论水平。

第二节 基于观察评价夯实幼儿园教研体系

教研工作是保障和提高教育质量的重要支撑,在指导教学实践、促进教师专业发展、服务教育决策等方面发挥着重要作用。《国家中长期教育改革和发展规划纲要》明确指出:"教育大计,教师为本。有好的教师,才有好的教育。"对于一所幼儿园而言,要提升其保教水平,离不开高质量的教师队伍及促进教师反思与提升高质量的园本教研活动,为此,园所应该建立多元化的园本教研体系,让更多的教师真正参与教研,提高教研实效,促进全园教师专业发展水平的整体提高。

幼儿园教师的观察分析与评价能力成为专业素养中不可或缺的重要部分,但同时我们也发现教师观察与评价幼儿并不是一件容易的事,很多教师苦于不知道观察什么,怎么观察,如何评价,怎样运用观察结果。依托"双轮驱动"机制以规划和决策为中介,一边担负起教师专业发展(professional development,PD),一边支撑起学前教育质量监测与评价(evaluation & monitoring)。"双轮驱动"犹如齿轮,一边的转动将会带动另一边转动,当幼儿园详细规划和决策方案后,就会进行对应的安排,如软件、硬件投入,接下来明确落实监测和数据收集,教师按照这些要求和程序去执行的时候,课程设计和评估的理念、知识也就与教学过程、数据搜集、教学设施和布置相伴而行,与此同时也就促进了教师专业能力的发展,同时通过对评估结果的分析—学习—改进等过程,构建园本教研体系。幼儿园的规划和决策就通过两个循环,在教师专业发展和监测与评价中同时得以体现。"双轮驱动"的机制如图6-3所示。

"双轮驱动"非常形象地说明了通过评估与监测,提高教师专业水平的途径,利用实施过程与评估活动匹配的机制,不断将教学活动贯穿到监测过程中。"双轮驱动"的核心是幼儿园的规划和决策水平,强调园所自身的规划与管理能力,强调园所对于教师发展的支持性。

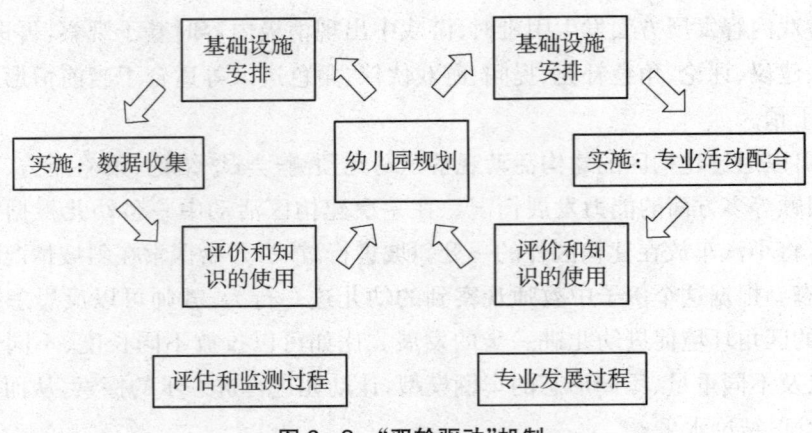

图6-3　"双轮驱动"机制

　　教研活动是一种融学习、工作和研究一体的学校性活动和教师行为,近年来,各幼儿园都很重视教研工作,积极探索、尝试开展各种园本教研方式,但同时也遇到很多难题,如:哪种园本教研方式更适合教师? 哪种园本教研方式能促进教师的专业成长? 如何提高园所教育质量?

　　以×幼儿园为例,该幼儿园是一所公办示范园,具有悠久的历史。在教研方面,该园园本教研活动开展已有十余年的时间,在开展过程中已形成了一些教研常规,有较为成熟的教研活动运行模式,前后也承担了一些课题,同时该园也鼓励更多教师参与课题的申报。而教师年龄结构趋于年轻化,青年教师缺乏教研经验,但年轻活泼,创新意识强;老教师教研经验丰富,人数和精力都有限。以往该园是通过听课、评课、集体观摩等方式来促进教师教研能力的提升,随着教育教学的理念不断更新,现在采取请进来的方式,定期地邀请专业研究人员参与幼儿园的园本教研活动,针对教师们教研效果的不足,制定了一系列的培训计划。该园邀请专家入园指导的同时,还借助第三方机构进行幼儿园质量评价,并教会教师如何观察评价幼儿。

　　经过为期1年的第三方评价,该园拿到了自己的园所质量报告,结果显示幼儿发展总体均处于较高水平,但是在发起活动、策略能力、倾听与表达、阅读与书写、物质与自然世界、美术创作和角色扮演等核心能力上,总体水平偏低,如图6-4所示。

　　通过量化的结果,直观呈现出该园在学习品质、语言、艺术表现三大关键行为较为薄弱。于是,园内专门组建了独立于行政组织体系的学术委员会,学术委员会从骨干教师中选取,根据儿童发展评价的结果制定园所年度"微课题"指南,由教师自主申请,委员会审批,园所在资源上进行支持,形成园所教师研究氛围,从原来的指令型研究转化为主动型研究。

　　幼儿园在幼儿发展评价上,是根据不同维度、不同关键行为有序进行的,故需提供关于该评价内容上的专业支持。通过此次评估,发现教师们在幼儿语言领域上的共性:注重幼儿的阅读能力,但是忽略了幼儿的表达能力。通过观察评价发现园所教师对于

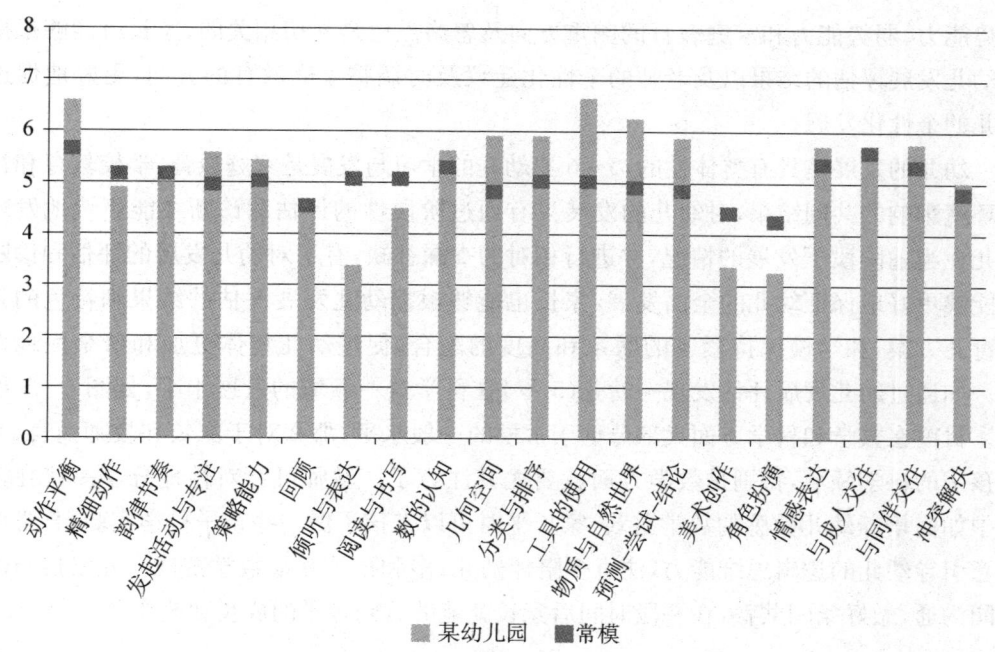

图6-4 某园核心能力分布

幼儿在日常活动中表达机会和表述能力不够重视，缺乏对幼儿连续性表达、关联性表达、逻辑性表达能力的培养。因此，园所针对该领域启动教师专业发展项目及教研，确定本学期园所的教研计划，每月初布置本月教研内容。此外，园所与教研主任及外聘专家及骨干教师形成研究小团队，着手教研活动的组织与开展，做好每次教研活动的过程记录、资料整理，大大提升了教研活动的成效，助力教师的专业成长，并为取得的研究成果编码建档形成系列化，为后续的查阅、检索提供便捷，也形成相互学习的氛围。

第三节 幼儿发展评估结果促进家园共育

对于教师来说，幼儿发展评估是促进教师提升观察能力和实现专业化成长的必经之路。但针对儿童的发展，教育机构只是其中的一个贡献者，家庭才是儿童成长的第一课堂，家长才是孩子的第一任老师。教育部于2015年发布《关于加强家庭教育工作的指导意见》，将家庭教育提高到"关系到孩子的终身发展，关系到千家万户的切身利益，关系到国家和民族的未来"的高度，要求各类教育机构，包括幼儿园"设计较为具体的家庭教育纲目和课程，开发家庭教育教材和活动指导手册"。特别要求学校每学期至少组织1次家庭教育指导和两次亲子实践活动。

每一个孩子的发展都是独特的，通过对幼儿发展的评估，教师可以更有针对性地与家长沟通，让家长能够在每一个阶段发现孩子发展的优势能力和弱势能力，幼儿发展的优势能力、弱势能力和家庭教育的侧重方向及忽略点也是密切相关的,家长就能够根据对幼儿发展评估的结果以及老师的个性化建议及时调整家庭教育的方向,更好地促进幼儿的个性化发展。

幼儿的发展是具有整体性的,3~6岁幼儿的学习与发展是家庭教育、学校教育和社区环境影响的共同结果,对幼儿的发展只有通过阶段性的评估和诊断才能更快地发现幼儿在当前阶段下发展的情况,并进行相对的查漏补缺,有了对幼儿发展的评估和诊断也能够更好地保证幼儿的全面发展,家长也能够根据幼儿发展评估的结果和特色的亲子育儿方案,和学校保持紧密的联系和高度的配合,促进幼儿整体更加和谐全面地发展。如通过幼儿发展评估发现一幼儿(5岁)在科学这一领域的发展水平,如图6-5所示。目前在数学和科学方面大部分低于常模的一般水平,那么对于家长和教师而言,对于孩子的科学领域,特别是数学方面就要尤其注意了。教师可针对性地分享一些在家庭中如何培养幼儿数感的数学游戏,家长平时可以带孩子做一些亲子科学实验,日常中注意引导幼儿的逻辑思维能力,注意多陪伴幼儿,多和孩子互动数学游戏。并坚持与幼儿园沟通,做好家园共育,在一段时间后家长就能够看到孩子的成长和改变。

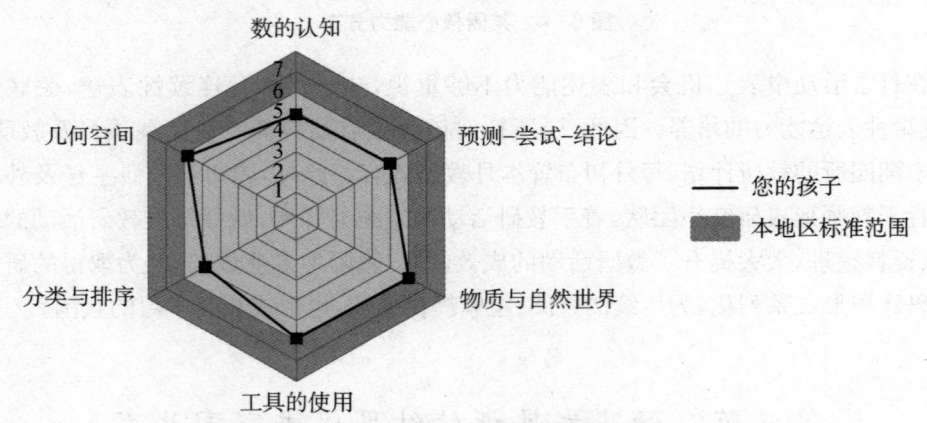

图6-5 某一幼儿科学方面评估结果

注:本评估报告为依据测试期间儿童的外在表现形成的评估结果简报,可能与实际水平存在一定偏差,仅供参考。

幼儿发展评估的数据可以为家庭教育提供有针对性的支持和指导(见图6-6);幼儿发展评估的结果可以改善家长对幼儿发展片面的看法,改进家庭教育环境,让家长看见幼儿的成长。

(1)结果描述:您的孩子精细动作的发展水平处于该年龄段测试男宝宝样本中的后25%。

(2)结果解释:在精细动作方面,依据本市该年龄段幼儿的标准发展水平统计结果,幼儿能够达到的水平区间为6~8,分别是能够沿着轮廓线剪出由曲线构成的图形,边线吻合;能用美术材料橡皮泥画出/捏出具有细节的各种造型;能够自己打结或系鞋

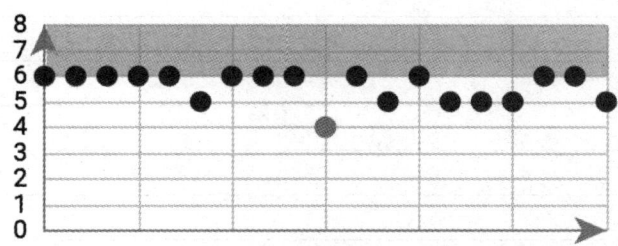

本市标准范围 ▨

所在班级其他孩子 ●

您的孩子 ● 两手配合沿着直线撕，基本吻合

图6-6 某幼儿精细动作发展结果解释

注：本评估报告为依据测试期间儿童的外在表现形成的评估结果简报，可能与实际水平存在一定偏差，仅供参考。

带。您的孩子能够达到的最高水平是4，未达到本市同龄孩子的平均水平。

（3）成长建议：现阶段您的孩子在精细动作这个方面的发展水平比同龄段幼儿水平低。请您多关注孩子这个方面的发展，建议在家庭教育中带孩子多进行相关训练，如：①剪纸；②捏橡皮泥；③制作贺卡等手工作品。活动方案举例：

活动方案1：折飞机

活动准备：彩色卡纸、折纸图示。

活动价值：锻炼孩子手指的灵活性和力量。

活动步骤：家长引导孩子看图，并边示范边指导孩子折叠，如孩子遇到困难，家长可以手把手指导，尽量让孩子独立完成折纸任务。

注意事项：边角对齐，折痕压平。

活动方案2：DIY 羽毛

活动准备：彩色卡纸、勾线笔、安全剪刀。

活动价值：锻炼孩子手控力和手眼协调能力。

活动步骤：家长在准备好的彩色纸上画出各种形状的羽毛，再给孩子准备好安全剪刀，让孩子自己去剪下羽毛，要求沿着轮廓线剪，边线基本吻合。

注意事项：家长勾画羽毛时线条不要太过复杂，有曲线就可以了。

📖 **思考与练习**

1. 你会如何组织班级幼儿进行幼儿发展评估？

2. 教师如何进行幼儿发展评估指标项的观察与记录？

📠 本章个人学习总结

你认为幼儿发展观察评价对幼儿和教师有什么作用？

_____

_____

_____

_____

_____

_____

_____

_____

_____

附　录

附录 1　区角材料样例表

区角名称	基本材料	辅助材料或要求
户外区	(1) 有充足的幼儿活动场地、地面平整(不强调地面材质)户外人均面积不少于 2 平方米 (2) 有一定空间的儿童跑道 (3) 根据幼儿年龄特点,为幼儿制作钻、爬、攀登、平衡、翻滚等大、中、小型活动器械 (4) 有适宜的幼儿沙坑、玩水区、自然区、玩具储藏区(包括种植园和动物饲养角),空间利用合理,各种用具齐全,定期活动且有记录 (5) 所有的活动器械保持安全、卫生、整洁,每天有专人检查,并有记录 (6) 有休闲区,包括长廊、树荫、花棚等,放置有自然装饰而成的桌子、椅子等	(1) 操场选择开阔、平整场地 (2) 利用户外建筑、花坛、各种废旧物品开发儿童户外设备 (3) 可利用户外的植被与自然物
阅读区	(1) 图书(人均 3～5 本) (2) 录音机、录音带、各类语言卡、标识符号材料 (3) 其他,如拼图讲述版、拼图材料(可用废旧物自制)、儿歌跳棋、新闻剪辑、符号文字书信样例等	(1) 书写材料:纸笔 (2) 操作材料:手偶 (3) 摆放材料:书架、矮桌、靠垫、地毯、小沙发等
科学区	(1) 科学活动所需各类材料,如天平、度量器械、眼罩、嗅瓶、听力罐、触袋、磁铁、磁力、手电筒、丝绸、麻布、砂纸、光滑的木片、动植物标本等 (2) 工具:镊子、尺子、放大镜、吸管、手电筒科学实验的记录表格等 (3) 进行科学活动的台子、材料架、矮桌等摆放工具	(1) 进行科学制作的辅助材料与工具,各种纸张、废旧材料、笔、剪刀等 (2) 科普类图书、科学模型等 (3) 天气类、季节类、物理现象类卡片或图书 (4) 常见工具的图卡或书籍等

（续表）

区角名称	基本材料	辅助材料或要求
益智区	(1) 材料架、矮桌、各类材料篮、粘贴板 (2) 专门材料,如：小积塑、形状套盒、套碗、拼图、百变积木、磁力片、六面体、七巧板、配对板、排序卡、图卡、各类棋、穿线板、系扣、带板、套碗、套娃等叠套类玩具等	(1) 材料可以教师自制,例如硬纸板制作百变图形、数形接龙卡片等 (2) 相关数、形、空间等的图书与操作材料
角色表演区	(1) 各类社会角色的服装：医生、迷彩服、消防员等仿真的服饰 (2) 各类社会角色的用具：听诊器、注射器、钱、娃娃、奶瓶、厨房用具、清洁工具等 (3) 表演的服装与道具：头饰、纱巾、手偶、彩带等 (4) 场景布置道具：矮床、柜架、小型桌椅(可用积木废旧材料及日常用的桌椅搭成)等	(1) 生活中废旧的餐具、茶具、瓶盒、布、服装、手套、实物蔬菜等 (2) 麦克风、音箱、回声筒、录音机等
美工区	(1) 美术活动基本材料：各种笔、纸、蜡笔、调色板、超轻黏土(珍珠泥)、鸡蛋壳、涂色剪纸等操作材料 (2) 美术活动基本工具：剪子、胶水、回形针、垫板、打孔机等 (3) 清洁用具,如抹布、广口瓶,如有条件可备小围裙或套袖 (4) 架子、柜子、矮桌等摆放工具	(1) 材料：瓶盖、小棍、旧图片挂历、吸管、纸袋、纸盒等辅助材料 (2) 美术活动其他材料,如美术名画欣赏用品
建构区	(1) 各类积木：大中小型积木、塑料积木、桌面百变积木等 (2) 不同规格的板材,如三合板或硬纸板、纸盒等；插拼玩具有雪花片、磁接条、组装片	仿真交通工具、人偶、动物、树木小景及生活中的废旧瓶子、筒子、纽扣等

附录2 区角环境诊断表

户外/区角名称	待评估观测点	幼儿园已有材料	材料缺乏时的解决方法
户外区	动作平衡		
	韵律节奏		
阅读区	倾听与表达		
	阅读与书写		
益智区	数的认知		
	几何空间		
	分类与排序		

（续表）

户外/区角名称	待评估观测点	幼儿园已有材料	材料缺乏时的解决方法
科学区	预测-尝试-结论		
	工具的使用		
	物质与自然世界		
美工区	美术创作		
	精细动作		
角色区	角色扮演		

附录3　幼儿数据采集表

观测点	幼儿编号					
	1	2	3	4	5	6
动作平衡						
韵律节奏						
精细动作						
美术创作						
发起活动与专注						
策略能力						
回顾						
倾听与表达						
阅读与书写						
角色扮演						
数的认知						
几何空间						
分类与排序						
预测-尝试-结论						
物质与自然世界						
工具的使用						
情感表达						
与成人交往						
与同伴交往						
冲突解决						

附录4　幼儿发展评估量表

A. 动作平衡

(1) 不用扶楼梯护栏,双脚交替上下楼梯
(2) 在指定的范围内四散跑时能避开他人
(3) 能够抓住羊角球跳动(上下、前后),保持平衡
(4) 能够踩着地面上有间隔的障碍物行走
(5) 能够手脚配合骑车或踩高跷(感统训练车、单轮车)
(6) 能够连续性地自抛自接球或者沙包
(7) 能够一边走一边连续拍球
(8) 双手、双脚协调配合连续跳绳

B. 精细动作

(1) 小手能够取放细小物品(要求不是握,动作是捏)
(2) 能用蜡笔涂涂画画,能体现出边缘感(有边缘概念)
(3) 能够完成穿线板、编织等活动
(4) 两手配合沿着直线撕,基本吻合
(5) 能够从事折纸活动,边线基本对齐
(6) 能够沿着轮廓线剪出由曲线构成的图形,边线吻合
(7) 能用橡皮泥捏出具有细节的各种造型
(8) 能够自己打结或者系鞋带

C. 韵律节奏

(1) 幼儿对音乐没有反应
(2) 听到声音、语气、音乐后偶尔有动作
(3) 跟着熟悉音乐韵律做动作,但是并没有与节奏一致
(4) 感知大部分音乐的节奏快慢,有动作的变化
(5) 在整个过程中做出合拍的、节奏的动作
(6) 在音乐的开始、过渡、结束部分,幼儿用身体动作变化来表现
(7) 变换队形后能够跟着音乐节奏做操
(8) 动作与节奏的一致性程度高,动作到位,有力度与美观

D. 美术创作

(1) 面对多种材料,会选择自己喜欢的材料创作
(2) 在涂画中使用线条、形状或符号来创作(成人难识别,但是幼儿有自己的解释)
(3) 能够画出有明显特征的人或物,大致可识别(单一物体的作品)
(4) 将自己想象的、或看到的、或经历的事件等用美术创作的方式表达出来
(5) 在美术创作中能够运用多种方式(画、剪、粘)或多种材料(纸、黏土、绳子等)完成创作
(6) 有意识地布置画面,考虑作品中主要对象、各个事物大小、前后、里外的关系
(7) 创作主题作品,有背景,有主体,有空间关系
(8) 能够解释美术作品特征(造型、色彩、构图、情感),交流自己的感受和理解

E. 发起活动与专注

(1) 幼儿无固定的兴趣爱好,闲逛
(2) 做自己感兴趣的活动或游戏(中途有可能转移注意力)
(3) 在老师提醒下能坚持完成自己的活动或游戏

（续表）

（4）能坚持集中注意力在指定的活动上 10 min （5）幼儿受到干扰后能自己回到原来的活动,直到任务完成 （6）能够同时接受并完成两个及以上的任务要求 （7）抵制外界干扰坚持自己感兴趣的活动 20 min 以上 （8）能较长时间内(2 天以上)完成他所从事的活动
F. 策略能力 （1）有自己感兴趣的任务,进展不顺利就会放弃 （2）用眼神、肢体动作去寻找合适的游戏的伙伴或活动材料 （3）重复某一行为,即使不成功也这样做 （4）有自己的兴趣任务,进展不顺利时主动寻求帮助 （5）在表达问题或者求助的时候有自己的分析 （6）能帮助同伴解决问题,完成活动 （7）运用多种材料、多人合作去完成一个复杂的活动 （8）预测活动中存在的潜在问题,并找出可能的方法
G. 倾听与表达 （1）倾听他人说话但没有回应 （2）能用简单语言回应日常会话(如吃饭、洗手等) （3）能够复述出听到的语言信息 （4）在图片、实物或成人的提醒下,幼儿能够用语言讲述所见所闻的事情 （5）结合情境感受到不同语气、语调所表达的不同意思 （6）遇到听不懂或者有疑问的时候,能够通过提问、询问等方式来获得信息 （7）能够听懂他人一些反映因果、假设、条件等关系的句子,并表达出自己的想法 （8）与同伴围绕感兴趣、最新的事件展开主题讨论,事件清晰,有个人观点
H. 阅读与书写 （1）要求成人给他讲故事、读儿歌 （2）幼儿可以自己翻阅图书 （3）拿着故事书,手指着图片说故事,读他认识的物体 （4）能够根据画面上的信息,完整的讲述故事情节 （5）能够根据要求对其中部分情节用抽象符号,进行书画 （6）对常见的标识、符号感兴趣,能识别并写出常见的标识、符号 （7）能正确写出自己的名字 （8）在样例的指导下,用文字、符号等形式写有意义的句子或故事
I. 回顾 （1）用表情、动作等非语言方式表达刚才所做的事情 （2）能用语言说出自己刚刚做的事情或活动 （3）能表达出想再玩、再做的游戏或区角活动,并说出原因 （4）能够回忆起之前他人所经历(做)的事情的 2、3 件细节 （5）能够用语言评价出自己或他人的活动(作品) （6）能够用语言表达出在活动过程中的想法或发现的问题 （7）能够解释在活动过程中出现问题的原因 （8）能够有条理的提出下次活动有针对性改进的意见与想法
J. 角色扮演 （1）用语言说出自己要扮演的角色 （2）尝试用肢体和表情、语言及声音中的一种表现角色典型特征

（续表）

(3) 能够使用语言、动作、表情、道具两个以上的方式来表现某一角色
(4) 在一场表演中，幼儿的扮演能够符合该角色的行为、语言、表情
(5) 在一场表演中，幼儿的动作与扮演，与同伴的表演能较好地配合起来
(6) 与同伴讨论、选择道具、查找资料、练习等方式来提高角色塑造
(7) 能够从选择合适故事/剧本，角色分工、制作道具、多次排练、演出等完成一段故事/剧本表演
(8) 能够在角色扮演改变原有剧本/情节，增加自己的想法

K. 数的认知
(1) 有数量意识，能够说出诸如我家有 3 口人，这有四朵花等数量关系
(2) 能够手口一致的点数到 5，说出总数
(3) 能够进行 20 以内的唱数
(4) 比较两组不同物体的数量多少
(5) 能够不受物体大小、形状、排列形式的影响，比较出两组物体的多少（7 个以内）
(6) 知道 10 以内数字的相邻数
(7) 能够进行 10 以内数字的组合与分解
(8) 能够运用数学解决日常生活中的数学问题（例如食物分配、应用题、人数统计、运动排名等）

L. 几何空间
(1) 幼儿能说出图片上事物的空间方位（上下、前后、里外）或者按方位词指令做出行动（完成其一即可）
(2) 认识常见的形状，圆形、三角形、正方形、长方形（要求都认识）
(3) 发现生活中常见的物品形状，说出这些形状的基本特征
(4) 幼儿能够不受形状的摆放、大小等影响，正确辨认图形（三角形或梯形）
(5) 发现物体的形状特征，能够用图形拼摆出来
(6) 能用七巧板拼摆出物体的造型
(7) 能够用语言描述实景中或平面图中物体的空间方位及运动方向
(8) 能够示意图或简易地图形式画出小范围（幼儿园与教室、家庭与小区）的空间关系与运动方向

M. 分类与排序
(1) 通过感知比较出物体大小、多少、轻重等
(2) 能够根据物品外部特征进行分类，并说明分类的理由（大小、颜色、高矮）
(3) 根据物品大小、长短、高矮、粗细等规律排序（5 个以内）
(4) 幼儿会正确使用比较术语，如最、相同、一样多、一个比一个（5 个物体）
(5) 能够按照事物内部特征（性质、功能）等分类
(6) 能够辨认、重复已有的排序并描述出排序的规律（5 个以内）
(7) 能够用符号、或动作、图片等创造排序或模式（至少 3 个物体）
(8) 能够描述出一列排序中存在的关系，如正逆（如从大到小）、传递（如 A>B，B>C，则 A>C）、相对关系（A>B，则 B<A）

N. 物质与自然世界
(1) 能说出常见的自然物（至少 3 种）
(2) 能够说出常见的天气情况（晴天、下雨天、有雾、多云、下雪、打雷等）
(3) 能举例说明或描述天气对生活的影响
(4) 能够描述不同季节的特征
(5) 在幼儿经验范围内，能够说出一种常见的自然现象（早晚影子长中午影子短、下雨后有彩虹）、或物理现象（如冬天脱毛衣有亮光）
(6) 能够说出动植物的特点与天气、周围环境的关系（朝阳的叶子茂盛，阴面叶子疏少）
(7) 能够解释自己发现的自然现象、或物理现象的原因
(8) 能够解释环境与人们生活的关系，并提出保护环境的建议

（续表）

O. 预测-尝试-结论
(1) 幼儿对新奇的事物或现象缺乏观察、摆弄等行为
(2) 遇到新奇的、感兴趣的事物或现象会动手摆弄（或自言自语），发现问题
(3) 对事物或现象进行反复观察或摆弄，明确问题或描述差异（预测）
(4) 能够通过动手操作、或询问老师等方式来解决他的疑问
(5) 自己运用实验、或调查、或多种材料来解决或验证他提出的问题（尝试-预测匹配）
(6) 用图画、或符号、图表、数字记录某一尝试的过程或结果
(7) 通过观察、比较、思考，描述事物的特点或实验前后的变化
(8) 能够根据尝试、经验、实验记录等对现象进行解释

P. 工具的使用
(1) 在区角中摆弄常见的工具
(2) 在区角中探索某种工具的用途
(3) 认识常见的工具，知道其用途（至少3种）
(4) 给出幼儿任务，工具选择不齐全
(5) 给出幼儿任务，选出合适的工具
(6) 使用工具支持他的任务（允许任务失败）
(7) 使用工具解决问题（如使用尺子测量长度后再裁纸），完成任务
(8) 描述出工具（科技产品）与日常生活的关系

Q. 情感表达
(1) 当他人做鬼脸或者微笑时，幼儿能够回应
(2) 能够与他人身体接触来表达情感
(3) 在老师提醒下，能够从游戏、运动等兴奋状态中安静下来（或者从大笑、嬉闹中安静下来）
(4) 能够用语言说出自己此时的情绪
(5) 能够表达自己高兴或难过背后的原因
(6) 幼儿伤心、难过、兴奋等的情绪不会持续超过5分钟
(7) 能够根据他人的情绪，或者所处的场所来调整自己的情绪
(8) 在令人不愉快的情况下，幼儿也能保持平静

R. 冲突解决
(1) 在冲突的场景中，幼儿不理会冲突，继续做自己的事
(2) 经常主动挑起冲突，但冲突发生却无法解决
(3) 在冲突情况下，幼儿有自己特定的解决方法，不管是哭闹、攻击、寻求解决等办法
(4) 在成人支持下，幼儿自己提出解决冲突的方法
(5) 在没有成人的帮助下，幼儿通过与其他同伴协商解决冲突
(6) 幼儿能够在其他儿童的冲突中起到调解的作用
(7) 在解决冲突的过程中，说出自己的想法，也能接受别人和自己不一样的想法
(8) 能够预期冲突解决方法是否奏效，并解释原因

S. 与同伴交往
(1) 幼儿只是在同伴旁边看着，无交流
(2) 通过表情（微笑）、动作，或者某一玩具、食物表达加入游戏的愿望
(3) 与同伴一起玩，伴随因玩具引起的语言交流
(4) 通过语言请求、自我介绍等方式邀请同伴加入自己的活动/加入同伴活动
(5) 明显地表示出对一个或几个朋友的喜欢
(6) 能够与两个或以上的同伴一起玩，在游戏中说出自己的想法，或接纳别人的意见
(7) 能够与同伴围绕一个话题进行多次
(8) 用过去分享过的事情，发起与同伴的交往

（续表）

> **T. 与成人交往**
> （1）幼儿用表情、动作表达与老师交往的意愿，不使用语言
> （2）只对某一位老师表达交往愿意，表现为粘着、跟随
> （3）幼儿服从教师提出的指令，但是没有表达自己想法
> （4）用简单词汇、句子向成人表达一起活动游戏的意愿
> （5）幼儿与老师进行日常生活对话（至少两轮及以上对话）
> （6）邀请老师参与活动，并在活动中给老师分配角色或任务
> （7）与成人讨论幼儿园活动或近期有关的话题
> （8）与老师的讨论超越了小组活动或班级活动，在更广的范围交流

附录5 "幼儿发展评估"App 介绍

幼儿发展评估体系由润萌教育研究团队自主研发，并设计数阅成长 App。目前数阅成长 App 已在各大应用商店上架，您可在 App Store、华为应用市场、应用宝等搜索"数阅成长　专业版"下载安装。快加入我们吧！

【产品亮点】

实时多媒介记录：在观察评估现场可即时上传幼儿发展评估数据、照片等评价资料。

一键式数据分析：点击"报告生成"即可获取幼儿发展评估数据、班级发展评估数据、园所发展评估数据分析结果。

可视化反馈报告：通过具体直观的图标呈现评估结果。

【专业内容】

园所质量评价：以《幼儿发展评估体系》为基本的评价工具，依托数阅成长 App，园长可轻松、便捷、科学有效地评价园所发展质量。

教师评价：以《幼儿发展评估体系》为基本评价工具，依托数阅成长 App，可有效帮助改善幼儿园教师保教工作质量，为教师评价和了解班级及幼儿的发展状况提供帮助和支持。

家长反馈：数阅成长 App 提供幼儿发展评估报告，更方便、科学、专业地让家长了解幼儿的发展状况。

第三方评估：依托幼儿发展评估体系和研究团队，可接受政府、社会团体和组织或个人的委托，合作开展幼儿园教育质量评价以及提升幼儿发展评估人员能力项目等培训与研究活动。

评估师培训：依托幼儿发展评估体系和研究团队，可为希望使用幼儿发展评估体系及数阅成长 App 来开展幼儿园教育质量评价活动的相关人员提供专业培训。

【联系我们】

邮箱：meilei@runmedu.com

微信公众号：润萌教育研究院、润萌教育

网址：http://www.runmedu.com

"润萌教育研究院"公众号

参 考 文 献

[1] 沃伦·R.本特森.观察儿童——儿童行为观察记录指南(第二版)[M].于开莲,王银玲,译.北京:人民教育出版社,2016.

[2] 蔡春美,洪福财,邱琼慧.幼儿行为观察与记录(第二版)[M].上海:华东师范大学出版社,2019.

[3] 霍力岩,姜珊珊,李敏谊.学前教育研究方法[M].北京:高等教育出版社,2011.

[4] 张玲.教育科学研究中的伦理问题[J].当代教育论坛,2007(5):35.

[5] 陈帼眉,洪福财.儿童发展与辅导[M].台北:五南图书出版股份有限公司,2011.

[6] 施良方.学习论[M].北京:人民教育出版社,2001.

[7] 王振宇.学前儿童心理学[M].北京:中央广播电视大学出版社,2007.

[8] 北京师范大学出版社组编.心理学专业基础[M].北京:北京师范大学出版社,2006.

[9] 黄瑾.学前儿童音乐教育[M].上海:华东师范大学出版社,2001.